傳達不NG！親子溝通無障礙

兒童精神科醫師・醫學博士
宮口幸治
國小教師
田中繁富／著

陳姵君／譯

好厲害喲！你其實是天才吧!?
要繼續保持下去喔！
……
數學90
NG

序言

為何撰寫本書？

我在少年輔育院服務過很長一段歲月，那裡收容了許多做什麼事都提不起勁的犯罪少年。他們凡事從一開始就抱持著否定的態度，認為「反正做了也沒用」而不願有所行動。然而他們並非天生就毫無幹勁，只要願意花點心思，就能看見他們爭先恐後努力的姿態。我這才知道，原來這些少年們自孩提時代就經常被「連這種事都不懂嗎？」之類的不當言詞所傷，「渴望他人認同」的心理非常強烈。

校園內也經常會有態度意興闌珊，覺得「反正做了也沒用」的孩子吧。有時大人不經意的一句話或教導，就會讓他們失去動力。儘管如此，這些孩子們內心依舊希望能有人多關心自己、給予認同。只要充分理解孩子的這些情緒，就有可能幫助他們建立自信，讓他們逐漸產生幹勁。

本書旨在透過思考大人的這些「令孩子喪失幹勁的NG言行」，逆向思考，以找出更多激發孩子動力的相關線索。

探討哪些內容？

「有時家長或老師以為是為了孩子好所說的話或所做的指導，反而讓孩子失去幹勁、情緒低落、變得討厭念書，這樣的個案應該多到數不清吧？我們不妨針對這些錯誤實例加以探討。」我與合著者——本身亦為現任國小教師的田中繁富多次討論到這個問題。同樣地，老師對家長所說的話也有可能導致上述情況發生，因此我們也一併思考了這個問題，從中得到的關鍵字就是「不安」與「安全感」。

如同第4頁的「本書宗旨」所說，有時大人對孩子所抱持的「不安」會造成他們脫口說出不該說的話，而導致孩子失去幹勁。因此本書會透過30個案例，幫助讀者理解孩子的情緒，也促使大人省思自身的言行舉止，並講解家長與老師該如何互相配合、彼此信賴以激發孩子的幹勁。

本書架構為？

造成心理層面情緒低落的NG言行：心理篇（10）、令孩子喪失念書動力的NG言行：學習篇（15，一般：7、各科目：8）、學校老師與家長面談之際，令家長失去教養意願的NG言行：家長篇（5），共計30個主題，並根據每個主題依序說明該單元中所舉出的教導方式或說法為何欠佳、該怎麼做才對等等。每篇皆搭配插圖與四格漫畫，不但閱讀起來更簡單，還能加深理解。除此之外，我們還在各篇最後做出總整理，並適時穿插小專欄。

如何運用本書？

如果讀者們平常掛在嘴邊的話與本書所介紹的某些內容相似，請先從那部分開始看起。接著再將這些內容當成「為何不能這麼說？那該怎麼做才對？」的借鏡。本書雖然以家中有學齡期兒童的家長與國小老師為對象，然而，因失去動力而不知如何是好的不單只有兒童而已。比方說與新進員工的溝通、夫妻之間的溝通、與朋友・認識之人的溝通等，都存在著與本書共通的NG言行，我想一定能為各位讀者帶來幫助。

最後，衷心感謝明石書店給予這個機會，讓我們得以執筆完成本書。

立命館大學教授　兒童精神科醫師　宮口 幸治

本書宗旨

- 大人對孩子所抱持的不安，會導致大人說出多餘的話，奪走孩子的幹勁！
- 老師對家長的過度期待，會讓家長產生不信任感！

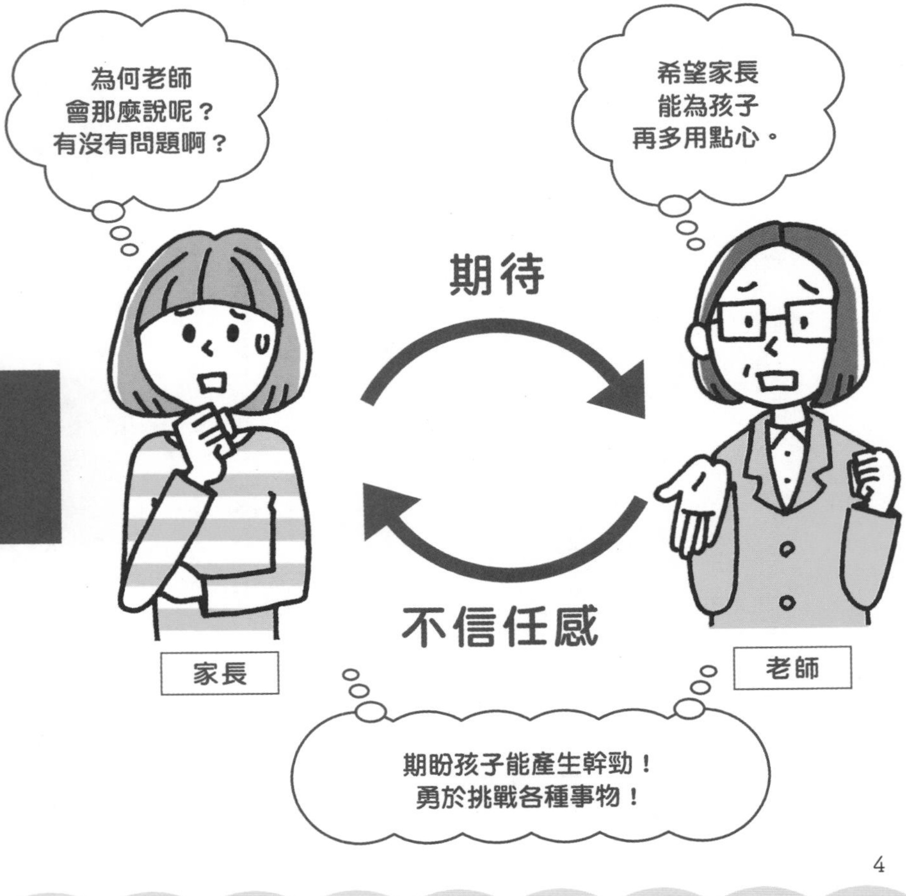

為何老師
會那麼說呢？
有沒有問題啊？
希望家長
能為孩子
再多用點心。
期待
不信任感
家長
老師
期盼孩子能產生幹勁！
勇於挑戰各種事物！

會奪走孩子幹勁的多餘言詞，大多出自於大人對小孩所抱持的「不安」。再者老師對於家長的期待，也會導致老師對家長說出不必要的話。

怎麼會這樣？
就是提不起勁。
小孩
不安
奪走孩子幹勁的
30項NG案例
不安

對策為…

- 理解孩子的真實情緒
- 大人省思自身奪走孩子幹勁的言行舉止
- 不過度對家長寄予期待／
  不造成家長的心理負擔
- 將孩子的成長作為家長與老師的共同目標
- 家長與老師互相配合，
  促進彼此與孩子之間的互動

原來如此，
再觀察看看吧。
為了孩子好，
也必須照顧
家長的感受。
信賴感
安全感
家長
老師

因此本書將透過30個案例，從理解孩子的真實情緒、大人也省思自身言行舉止的觀點出發，促使家長與老師互相配合，增進大人與孩子的互動交流，進而達到激發孩子幹勁的目的。

好像還不賴！
或許我能做到！
互動交流
小孩

目錄

第1章 心理篇 造成心理層面情緒低落的NG言行

第2章 學習篇（一般） 令孩子喪失念書動力的NG言行

學習篇（各科目）

第3章 家長篇 令家長失去教養意願的NG言行

第 1 章

心理篇

造成心理層面情緒低落的NG言行

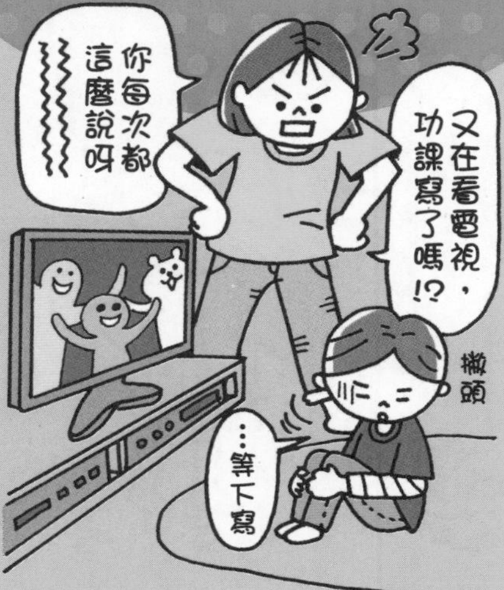

又在看電視，功課寫了嗎!?
你每次都這麼說呀
撇頭
…等下寫

心理篇

1

很容易脫口而出的一句話

（聽完小孩的話之後）「是喔，我知道了，可是啊……」

NG

父母親強加灌輸自身的想法

我今天遇到一件很討厭的事。
這樣啊，妳一定很難過吧。
可是啊，難道妳沒有錯嗎？
垂頭喪氣

「媽媽，我今天啊，跟同學……」A女孩對母親訴說在學校發生的不愉快之事。母親表示：「這樣啊，原來發生了這麼不開心的事，妳一定很難過吧。」A女孩聽到母親的回應後心裡覺得輕鬆了一點。然而母親卻接著說：「可是啊，這件事難道妳沒有錯嗎？」A女孩聞言後頓時變得垂頭喪氣。

●為何孩子會變得垂頭喪氣呢？

對孩子進行開導時，「仔細聆聽孩子的話」是人人奉為圭臬的準則。但實際上就算大人有心聆聽孩子所說的話，仍會忍不住進行說教、斥責，強加灌輸自身的想法給孩子，經常發生沒有聆聽孩子真實想法的情況。如同本篇所舉的案例般，母親的確聽完了女兒所講的話，可是並未確實貼近她的感受，而是旋即將自身的想法強加在她身上。A女孩想要的並非母親的建議，而是希望母親能夠懂自己難過的情緒。然而母親非但沒有體諒她的心情，還說出了「可是啊……」的否定言論，A女孩才會因而感到沮喪。

試著轉換成這種做法！

我們往往會覺得小孩所說的話聽起來很自以為是，不然就是內容不夠成熟，很難按捺住身為大人想表態糾正「可是啊，你說的那些……」的情緒。不過此時更需要壓下這股衝動，不要一下子就想表達自身的想法或建議。而且與其判斷孩子所說的內容是對還是錯，不妨試著想想為何他們會向大人傾訴那件事。

其實孩子願意開口分享，這件事本身就是有意義的。而絕大多數的情況下，相較於收到建議，對孩子而言只要有人能懂自己的感受便足夠了。聆聽完後，若是孩子詢問「媽媽妳覺得呢？」，再配合孩子的理解程度，循序漸進地表達身為父母親的想法即可。

Point

只需專注傾聽就好！讓孩子安心地暢所欲言！

●還須留意這一點

聆聽孩子說話時，並非只是單純聽聽就好。家長需要適時做出回應、點頭，或是複述孩子所說的話，有不懂的地方則稍加提問仔細進行了解，表現出「我很認真在聽哦」的態度。其他像是將身體面向孩子、看著孩子的眼睛、身體往前傾、暫時放下家事等做法，也都是向孩子表達自己在用心聆聽的重要訊號。

心理篇

2

／很容易脫口而出的一句話＼

「其實我也不想說這種話，但我是為你好。」

NG

說出於事無補的開場白

其實我也不想說這種話，但你最好再整理一下課桌哦。
我是為了你好才這麼說的。

A男孩不懂得收拾整理，課桌老是一團亂。老師知道他不擅長整理，所以從旁觀察了好一陣子，但還是覺得A男孩再這樣下去，將來只會更困擾，因此這麼告訴他。

「小A，其實我也不想說種話，但你最好再整理一下課桌哦。我是為了你好才這麼說的。」老師如此說道。A男孩聞言後神情顯得很黯然。

●為何孩子會變得垂頭喪氣呢？

就大人的立場來看，守護孩子的同時有些話還是非說不可。如果孩子本身能有所自覺的話就好了，但現實往往不盡人意。可是，大人在傳達時經常會先說一堆於事無補的話。本篇案例中的「不想說這種話」＝「否定的訊息」。一般而言，將否定的話語放在前頭時，會令人有所戒備，無法將這些話好好聽進去。對孩子來說更是如此。這就跟告訴別人「我之前一直忍著不說，但現在已經到極限了，所以接下來我要把醜話說在前頭，但這全都是為了你好」是一樣的。經過這番開場白後，真的會有孩子能平心靜氣聽下去嗎？

再者，這段話完全沒有確認當事人想怎麼做、內心有什麼想法，便擅自決定對方應該採取何種行動，結果只會讓人愈發失去動力而已。

試著轉換成這種做法！

如果要用緩衝句來當開場白的話，不妨先自我檢視一下，接下來自己要說的這番話聽在孩子耳裡會是怎樣的感受。試想若是自己聽到「其實我也不想說這些話」這種否定內容的開場白會做何感想，應該不會覺得聽起來順耳吧？像這種時候，不如以「你看起來好像很困擾，有沒有什麼我能幫忙的地方」、「有沒有什麼我們可以一起做的呢」之類的說法，讓孩子明白後續你想表達的目的、方向與打算。孩子往往能料想到大人接下來要說什麼話，若是知道大人不是要開口訓斥，而是要幫忙自己才搭話的話，孩子便能安下心來好好聽完，而不會從一開始就表現出抗拒的態度。

Point

說話之前先停一下！那句話真的是孩子需要的嗎！

●還須留意這一點

一般而言，開場白大多都是多餘的。這就跟一群人閒聊某人的八卦時，先表示「那個人其實也不是壞人啦」再接著說出批評言論是一樣的。說到底，若對方真是「壞人」的話，雙方就不會往來，更沒有必要變成話題。會說「那個人其實也不是壞人啦」正代表說話者並沒有想清楚有關那個人的事，這也是一種對說人長短感到心虛的表現。

亂糟糟～
如果是我的話，別人要怎麼說
我才能安心聽下去呢？
需要我跟你一起做些什麼嗎？
安心

心理篇

3

／很容易脫口而出的一句話＼

「書都念完了嗎？明天要帶的都準備好了？」

NG

在孩子行動之前便先發制人

你每次都這麼說呀
又在看電視，功課寫了嗎!?
撇頭
……等下寫。

A男孩因為數學考試考不好，決定好好用功一番。回到家後，打算看完30分鐘的電視就去念書，於是打開了電視。此時母親出來質問：

「又一直在看電視，功課寫了嗎？」

A男孩回答「等一下寫」，母親接著繼續念：「你每次都這麼說呀，明天要帶的也記得準備好。」A男孩頓時失去了念書的動力。

●為何孩子會變得垂頭喪氣呢？

做父母的往往會感到不安，覺得自己要是不確實開口提醒的話，孩子什麼都不會去做，於是總忍不住說出「功課寫完了沒？」。可是，當我們打算做某件事時，要是被別人問「〇〇做了沒？」就會覺得被潑了冷水，而想回嘴「那種事不必說我也知道，不要你管」。再者，如果孩子隨後做了功課，也會變成是聽從父母親的指令而已。

若是父母親問「書都念完了嗎？」而孩子剛好有讀書的話，父母親就會誤以為這招有效，之後也會動不動就問「書都念完了嗎？」。可是在孩子不想讀書的時候，即使被念也不會去讀書，於是父母親就會感到混亂，以為態度應該要再強硬一點，結果便不停地問「書都念完了嗎？」。

試著轉換成這種做法！

看到孩子在看電視，就算心裡覺得「還在看」，還是要先與他們聊聊在學校的情況，或許在學校發生了很多讓他們覺得疲累的事也說不定。聽到父母親沒有立刻詢問「功課」的事也會讓孩子感到安心。接著父母再表達「功課上如果有不懂的地方可以問我喔」，順水推舟讓孩子自主行動就好。不過這也需要耐心，即便孩子拖了很久，當他開始用功時應該要確實給予肯定，有時則要陪他一起訂定計畫等等，這部分很難拿捏，相當考驗大人的耐性。話雖如此，也有些父母親會認為「若我不開口，這孩子絕對不會主動念書」。我明白父母親想說那些話的心情，但若是經常把這些話掛在嘴邊，有時也會剝奪了孩子自動自發的機會。

Point

被催促去做事的感覺很不好！循循善誘，讓孩子能自主行動！

●還須留意這一點

有些孩子會想藉由用功來獲得父母親的稱讚，這種時候若是先被父母親問及「書都念完了沒？」再去念書，就會變成只是聽從父母親的指示而已，而不會獲得誇獎。而且父母親還會誤以為「孩子是因為被念才去讀書」。如果是平常不太會被父母親稱讚的孩子，他們想被別人誇獎的情緒愈強烈，就愈會對讀書這件事表現出頑強抗拒的態度。

心理篇

4

很容易脫口而出的一句話

「要跟每個人好好相處喔。」

~~NG~~

對交友關係多所置喙

小B
即便有不愉快，也要跟每個人好好相處喔。

小B老是愛捉弄小A。小A對母親說：「我不喜歡跟小B玩，因為他每次都耍賴。」母親詢問小A：「怎麼個耍賴法？」小A回答：「他每次玩遊戲快輸的時候就會生氣，不然就是說謊。」母親聞言後接著道：「即便有不愉快，也要跟每個人好好相處喔。」小A頓時覺得跟別人玩是一件很鬱悶的事。

●為何孩子會變得垂頭喪氣呢？

我想做父母親的總是希望孩子能跟每個人都和平共處、打成一片，會覺得就算有不喜歡的對象也不能排擠人家。

然而隨著青春期的來臨，孩子有時會與原本要好的朋友漸行漸遠。理由倒不是因為變得討厭對方，而是在成長的過程中，孩子在理解對方之後，會判斷彼此是否擁有共同的價值觀等等，並去尋找與自己更合得來的朋友。孩子會開始選擇往來的對象，可說是有所成長的證明。

「要跟每個人好好相處」這句話等於強迫孩子即使碰到不合拍的朋友也要忍耐，勉強自己與他們相處，才會導致孩子覺得跟朋友玩是一件很鬱悶的事。

試著轉換成這種做法！

為什麼不想跟那個朋友玩呢？請聽聽孩子怎麼說，想想孩子的心情。讓孩子透過表達整理自己的心情，釐清為什麼不願意和那個朋友玩，想一下彼此是否真的合不來。

接著不妨告訴孩子，每個人的個性都不同，這個世上有著各種不同價值觀的人，也有來自各種家庭背景的人。之後就交由孩子做判斷，絕不強迫。

更重要的是，大人必須率先以身作則，不管面對任何人都應該要保持基本的禮貌（打招呼、說謝謝等等）。

Point

孩子在成長的同時會開始選擇朋友！身邊的大人們要做好示範！

●還須留意這一點

「不想跟○○玩」這句話有時代表的是「被○○欺負」的訊號。由於不敢對父母親明說，或許「不想跟○○玩」已經是孩子拚盡全力發出的暗示了。「要跟每個同學好好相處」這句話，恐怕會讓孩子即使被霸凌也無法逃離對方，或是無法對大人訴說實情。

心理篇

5

＼很容易脫口而出的一句話／

「你其實是天才吧！」

NG
製造壓力

好厲害喲！你其實是天才吧!?
要繼續保持下去喔！
……
數學 90

A男孩的數學不太好，考試也考砸了，他希望下次能考好一點而用功做了一些練習題，沒想到這些練習題都出現在考卷上，讓他考了90分。A男孩歡天喜地地告訴母親這件事，母親表示：「好厲害喲。原本還以為你數學不好呢，其實你是天才吧？要繼續保持下去喔。」A男孩聞言後突然感到不安，漸漸不想再努力用功了。

●為何孩子會變得垂頭喪氣呢？

父母親總希望自己的孩子能在某方面才華出眾，因此當孩子考試考取高分時，就會覺得「還可以再更好！」，甚至會忍不住說出「你其實是天才」之類的話。然而對孩子而言，這些言詞有時卻會形成負擔。如同本篇所舉的例子，一旦被稱讚為天才，下次一定也會被寄予期待。A男孩只不過是碰巧猜中考題罷了，假如下次考不好的話，即使是孩子也能猜想到父母親肯定會很失望，因此A男孩覺得壓力很大，這種不安使他喪失了用功的意願。如果A男孩的個性必須要看父母臉色才能生活下去的話，應該會愈發強烈地感到不安吧。

試著轉換成這種做法！

考試取得好成績固然重要，但對孩子而言更重要的是有個能安心學習的環境。這個環境要讓孩子不因考試的分數時喜時憂，能交出符合自己能力的結果，並獲得適切的認同。

大人單方面的評價或期待（孩子考高分就加以稱讚，並且要孩子不斷努力，認為只要更用功就會考得更好等）會讓孩子感到退縮。孩子要的是父母親能陪著他們一起開心或難過，遠勝於給予評價。

父母親應該為孩子提供一個能夠安心的場所，陪著孩子一起承擔結果，若孩子因為好成績而開心，父母親就一起開心；若考得不好則一起接受這個事實。

Point

評價或期待有時反而會讓孩子感到退縮。無論結果如何都該一起承擔！

● 還須留意這一點

就算考試的結果差強人意，「相較於結果更應該讚許其背後的努力與過程」是大家耳熟能詳的教導法。不過，視情況不同，有時這種做法並不適合打造出安心學習的環境，因為這就等於貼上「不努力的孩子」、「無法努力的孩子」就是沒用、毫無價值的標籤。大人以誇獎的方式來讓孩子做出行動，這種意圖有時也會變成否定了無法做到的孩子。

心理篇

6

／很容易脫口而出的一句話／

「看吧，我早就跟你說過了吧？」

NG

失敗後
還落井下石

A女孩很努力練習騎單輪車。可是母親卻覺得危險想加以阻止，因此對她說：「這很危險妳別練了，要是摔倒該怎麼辦？」可是A女孩並未就此放棄。過了一陣子後A女孩摔倒了，不小心擦破了膝蓋。母親就對A女孩說：「看吧，媽媽不是早就跟妳說過了。」聽到這句話A女孩的臉上頓時籠罩著陰霾。

●為何孩子會變得垂頭喪氣呢？

面對不聽父母勸告，自己亂來結果失敗的孩子，父母親難免會覺得焦躁不耐煩而想說些什麼。可是最難過的其實是遭遇挫折的孩子本身。孩子會希望父母親在自己失敗時給予安慰，然而，若此時父母親不安慰，反而還落井下石傷害他們，就會讓孩子失去幹勁與活力。

再者，「我早就跟你說過了」這句話若再解釋得仔細一點，就等於「我早就覺得你會搞砸。果真如我所料，你即使做了這件事還是失敗了」的意思。由於大人太想讓孩子擁有成功體驗，認為不能讓孩子受挫，因此事前會告訴孩子不要勉強而為。而當孩子失敗後，就會忍不住落井下石「我就說吧」。

試著轉換成這種做法！

請先調整呼吸在心中默念「最難過的是孩子」，接著出言安慰失敗後的孩子，試著去感同身受孩子懊悔的情緒，再聽聽孩子本身是如何看待這次的失敗。

他們有可能會自己反省，說出不再嘗試這件事，也有可能會表示想再嘗試一次看看。

若孩子打算再試一次，不妨問問他們下次該注意哪些地方。

出言安慰時不要回顧過去的失敗，而是要跟孩子一起思考後續的對策，例如「雖然你很努力了，但摔得很痛吧？都沒掉眼淚真的很勇敢喔」、「還會想再試試看嗎？」、「該怎麼做才不會摔倒呢？」等等。

Point

失敗後最難過的是孩子自己！跟孩子一起考慮之後的事情吧！

●還須留意這一點

若明顯為有勇無謀或危險的事，必須事前就讓孩子放棄。此時應該避免用「不可以做……」的說法來否定其行為，而是以「應該要……」的肯定句來敦促孩子做出適切的行動。若以本篇的情境為例，應該用「等妳會騎自行車後再來挑戰單輪車」取代「不可以騎單輪車」的說法。

心理篇
7

很容易脫口而出的一句話

「還好嗎？」

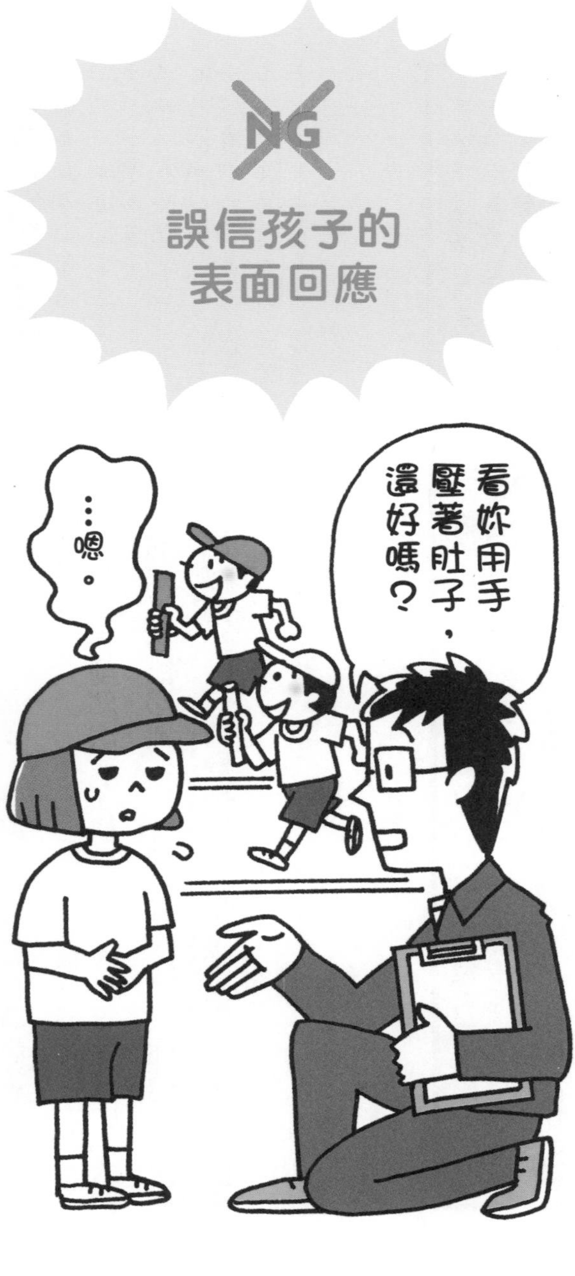
NG
誤信孩子的表面回應
看妳用手壓著肚子，還好嗎？
…嗯。

A女孩不善於表達自己的感受。運動會快到了，她與大家一起在練習接力賽。途中覺得肚子痛而強忍了下來，但老師看見A女孩用手壓著肚子的模樣覺得不太對勁，於是出聲關切。

「看妳用手壓著肚子，還好嗎？」老師問道。因為A女孩回答「嗯」，所以老師便離開了。可是A女孩的肚子仍舊很痛，不禁感到難過。

●為何孩子會變得垂頭喪氣呢？

覺得孩子有某些狀況令人擔心時，周遭的大人出聲詢問「還好嗎？」，關心孩子的情況或搭話是相當重要的。可是這句話也有可能限制了孩子的回答方式。有些孩子聽到大人詢問「還好嗎？」，即使狀況不好也只會反射性地回答「嗯」，而大人一旦聽到「嗯」就會放下心來離開孩子。若是孩子的情況並不好，就必須一直忍耐下去，之後也可能會反被大人責備「我問的時候你為什麼不說呢？」，讓孩子更加覺得咄咄逼人，無法說出實情。

試著轉換成這種做法！

對於不擅長表達，凡事只會說「嗯」來回應的孩子，不妨以他已經身體不適為前提來進行發問。

比如問的時候說：「看妳用手壓著肚子，是不是很難受？」孩子此時只要回答「嗯」就能表達自己身體不舒服。

就算當下孩子說「我沒事」，大人也要記得過一段時間後再詢問一次。畢竟大人也身兼孩子的「代言人」。

Point

當孩子表示「嗯」「我知道了」時請留意！觀察孩子的情況是否真是如此！

●還須留意這一點

與「還好嗎？」這個問答有異曲同工之妙的，就是當學習時大人詢問「都懂了嗎？」而孩子回答「嗯」的情形。要誠實地說出「不懂」，其實就連大人也做不太到。但當實際讓孩子自己作答，而孩子回答不出來時，大人往往會忍不住責備「剛剛不是回答都懂嗎？」。像這種情況，不妨以孩子不懂為前提進行發問，例如「這個解說有點難，應該不好懂吧？有沒有任何疑問呢？」等等。

心理篇

8

＼很容易脫口而出的一句話／
「真的嗎？」

NG
從一開始就表現出懷疑的態度

我肚子痛，等好一點再出門喔。
真的嗎？妳會乖乖去學校嗎？

A女孩有時上學會遲到。由於以前動過盲腸手術，偶爾肚子會突然痛起來。某天早上，當她起床時覺得肚子很痛，似乎無法馬上去學校，她打算等稍微好一點時再出門，便向母親表示：「我肚子痛，等好一點再出門喔。」母親聽到後說：「真的嗎？妳會乖乖去學校嗎？」聽到母親這麼說，讓A女孩覺得很難過。

●為何孩子會變得垂頭喪氣呢？

由於A女孩經常遲到，母親才會覺得「又來了」、「該不會是不想去學校才說謊吧？」而感到懷疑。然而無論是在何種情況下，當我們向對方傳達某種困擾的狀況時，若是劈頭就被對方質疑「真的嗎？」，自然會覺得對方根本不相信自己所碰到的狀況。

表達自己很難受或很疲累卻得不到對方的諒解，甚至還被懷疑真假，對孩子來說是相當難過的一件事。

試著轉換成這種做法！

首先最重要的是，父母親本身必須察覺當聽到孩子表示「今天也會晚點去學校」時，自己有什麼感受。或許你會覺得傷心、生氣，但此時先將想說出「真的嗎？」的情緒壓下來，平靜地應對孩子吧。以本篇為例，可以直接重複孩子所說的話，回答「是嗎？那等妳好一點再出門吧」。

若經常出現這樣的情況，或許會讓人覺得孩子是故意不去上學，或是開始說謊。可是孩子的行為背後往往是有理由的。大多是遇到自己一人無法解決的問題，而透過各種方式發出SOS。就算肚子痛是謊言，也有可能是因為在學校遭到霸凌、與朋友感情失和、害怕老師等等。在訓斥說謊是不對的行為之前，請先想想為什麼孩子要說謊。

Point

察覺自己想說「真的嗎？」的心情！孩子讓人傷腦筋的行為背後理由是什麼？

● 還須留意這一點

「真的嗎？」這句話視情況而定會有許多種解釋，這取決於對話內容，因此無法一概而論「真的嗎？」是一句不好的話。

聽到好消息時的「真的嗎？」代表喜悅；聽到不幸消息時的「真的嗎？」則代表不願相信的悲傷。必須視情況加以分別使用。

心理篇 9

／很容易脫口而出的一句話＼

「不好好努力的話相當有難度喔。」

NG
做出
負面暗示
我想讀A國中！
這相當有難度喔～
不卯起來用功的話
根本不可能～

A女孩的成績不太好，可是非常想就讀某國中。她打算開始好好用功準備考試，便請教了補習班老師。補習班老師聽到那間國中的名字後表示：「妳想讀那間學校的話相當有難度喔。不卯起來用功的話根本不可能呢。」A女孩聞言後，頓時失去了所有動力。

●為何孩子會變得垂頭喪氣呢？

這位補習班老師說這番話的用意絕非想讓本人失去幹勁，反而是想藉此機會好好激勵本人一番。可是這就好比打針之前先被告知「這會很痛喔」，即便實際注射時並沒有那麼痛，也會覺得痛的道理是一樣的。反之，先聽到不會痛之後再注射便不會覺得痛。也就是說事前的暗示會影響後續的感受。同理可證，在還沒開始做之前就被告知要付出相當大的努力，等於被暗示要達成這件事相當困難。在聽到「很難考得上」之後還會想努力衝刺的孩子真的少之又少，而且同時還必須面對努力或許也不會有所回報的不安，這會讓原本就缺乏自信的孩子更加覺得「像我這種人一定考不上」而不願繼續努力。

試著轉換成這種做法！

不妨將「不好好努力的話就辦不到」（否定→否定N-N：Negative-Negative）的說法改成「好好努力的話一定沒問題」（肯定→肯定P-P：Positive-Positive），並提出「只要做足這些功課就能合格」的具體計畫與目標。

接著再設定短期目標，例如「下次考試時如果能考到○○分，就肯定沒問題」、「下次的預賽如果能達到○○成績，正式比賽一定也沒問題」，讓本人更有現實感。

有時目標對本人而言可能太高，有時也會有滿口理想抱負卻無法努力的情形發生。遇到這種情況時，訂定比較近的目標（下次考試時克服○○科目等），從最近的地方讓本人察覺自己的實力大概到哪裡，也是有所必要的。

Point

「否定」⇒「否定」（N-N）會令人失去動力！換成「肯定」⇒「肯定」（P-P）的說法

●還須留意這一點

「不聽話我會生氣喔」之類的否定→否定（N-N）說詞，視情況而定，有時相當於在威脅孩子，使用時必須要加以留意。

不過，比方說本人過於自信而缺乏迫切感或危機感時，利用「不好好努力的話相當有難度喔」這句話，有時反而能讓其上緊發條，因此不妨好好觀察一下孩子的類型與步調。

心理篇

10

／很容易脫口而出的一句話＼

「為什麼你老是這樣？」

NG

不容孩子
為自己辯解

媽媽…今天啊，因為小B…
為什麼妳總是不遵守約定？是要我說幾次啊!?

A女孩外出與同學玩耍而比較晚回家，稍微超出了與母親約定好的時間。A女孩不想挨罵所以想了個藉口，她才剛說出「媽媽，今天啊，因為小B……」時，母親便搶白道：「妳又這樣。為什麼總是不遵守約定？我說過出去玩可以但要守時吧。是要我說幾次呀？」A女孩聞言後什麼也說不出口。

●為何孩子會變得垂頭喪氣呢？

面對無法遵守約定的孩子，大人往往會忍不住發飆，怒斥孩子：「為什麼你老是這樣？」可是孩子其實經常做出毫無道理的行為。像是打某個人、說謊、不遵守約定等等，有時他們明知道不對還是無法克制。

再者，只要讓孩子注意今後的行為就能讓他們不再犯，但過去的失敗已經無法改變。因此責備孩子「為什麼你老是這樣？」雖然好像是在訓斥孩子的行為，但其實聽在孩子耳裡會覺得像是在訓斥他的性格。

A女孩只得默不作聲，因為再講下去只會讓母親更生氣。這些話其實會讓孩子覺得咄咄逼人，導致他失去自信。

試著轉換成這種做法！

當孩子不遵守約定時，大人會覺得生氣難過是再自然不過的反應，於是便會逼問孩子「為什麼你會做出〇〇事？」這種讓人回答不出理由的問題，或是訓斥已然發生的結果。

當然這一切的始作俑者為孩子的行為，不過這句話其實多半也是大人對於孩子「不聽自己的話而感到悲傷、生氣」的一種憤怒的表現。所以不妨思考一下，「為什麼你會做出〇〇事？」這種要孩子給個理由的說法是否真的有必要。

更重要的應該是彼此溝通，討論今後該怎麼做。讓孩子自行訂立規則，若未遵守時該如何處理、該怎麼做才能確實遵守等等，親子一起動腦思考才是比較理想的做法。

Point

且慢，注意一下訓話方式！
責備並無法開啟對話

●還須留意這一點

大人總是想知道「為什麼會做出這種事？」的理由。若是孩子所說的理由不夠充分，就會認為「這孩子還沒打從心裡好好反省」而不斷追問，直到他們給出自己能接受的理由為止。然而過於逼問理由，孩子就會開始編造理由，內容對大人來說愈具說服力大人就會愈滿意。可是孩子也會回過頭來看自身的行為，這樣可能會導致他們疏離父母親。

心理篇
總整理

教養孩子的過程中
大人也是充滿「不安」

再這樣下去
將來堪慮
或許
是在說謊
大人的不安
是我讚美得
不夠多嗎？

●錯誤思維的背景

教養孩子的過程總是伴隨著不安，可是孩子並不會事事皆如父母所願，因此大人總是會感到不安而說出不必要的言論。這其實反而是奪走孩子幹勁的原因之一。

這樣的話無法
跟朋友好好相處
再這樣下去
會失敗的
大人不說就
不做・做不來
想法
太天真

●激發孩子幹勁的關鍵

首先大人應該先察覺自己會由於不安而忍不住說出多餘的言詞，接著冷靜下來好好觀察孩子。大人希望「注重孩子的感受並從旁協助！」時，這種想法就能讓自己找出激發孩子幹勁的方法。順利做到時大人也別忘了自我嘉許一番。

注意這點

冷靜地觀察孩子

先暫停一下
調整呼吸

想想
這種說法
是否真有必要

感受
自身的情緒

●理解孩子的關鍵

孩子會使出渾身解數以獲得大人的認同。因此他們會透過各種方式來傾訴：「多聽我說一些、多看我一些、跟我一起做、認同我、理解我、幫助我、信任我、別誤會我、別對我打分數、別強加灌輸想法」。這些其實都是孩子們內心的吶喊。

Column 1

「建造大阪城的是木匠」算正確答案嗎？

母親出題抽考對歷史不太拿手的A男孩。

母親：「誰建造了大阪城？」
A男孩：「木匠。」
母親：「聖方濟・沙勿略從哪裡抵達日本？」
A男孩：「海邊。」
母親：「江戶幕府是何時創建的？」
A男孩：「白天。」
母親：「推出《學問之勸》的人是誰？」
A男孩：「書店。」
母親：「你有完沒完啊。」

從歷史學的另一項觀點來看，A男孩的回答其實是正確的。

因為題目並未確切地詢問：「在建立大阪城時，要是沒了哪個人就無法建立了？」

或者也可以換個方式詢問：「建造姬路城、名古屋城、熊本城的雖然是木匠，但要建造這些城，扮演關鍵角色的主導者是誰？」

事實與歷史是兩回事。與建造大阪城有關的人應該多達數萬人吧。有種樹的人、運送木材的人、砌牆的人、搬運石頭的人……人員多到數不清。從這些事實中篩選出的重大事實，就是所謂的歷史。過去曾有一段時期，學歷史就只是了解奪得政權之人的生平事蹟而已。可是除了政權領袖的生平之外，近年來也開始針對「當時的人們是過著怎樣的生活」加以學習。因此A男孩的思維，其實也符合「為了興建大阪城，出動了大批的工匠辛苦做工，所以這也是重要的事實」這種看待歷史的方式。

（田中）

第2章

學習篇（一般）

令孩子喪失念書動力的NG言行

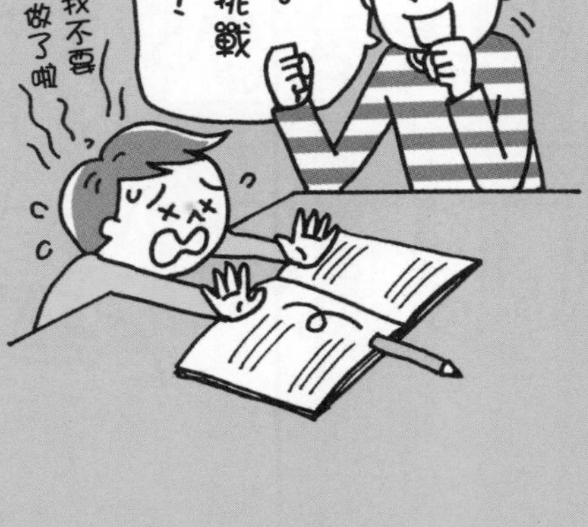
你已經會
解例題了耶。
接下來試著挑戰
應用問題吧！
我不要
做了啦

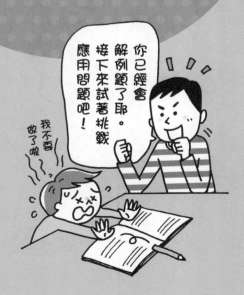

學習篇
一般
1

／很容易脫口而出的一句話／
「搞懂了之後是不是很有趣？」

NG

認為搞懂才是好事

搞懂了之後是不是很有趣？
答對了呢～！
……
似懂非懂地解出了答案，但還是不太懂啊……

本篇案例中的老師打算仔細講解到學生明白為止。由於A男孩一直解不出數學問題，老師便關切詢問：「哪個部分不懂呢？老師跟你一起想想該怎麼解。」A男孩在老師仔細地說明下依舊不甚明白，似懂非懂地解出了答案。老師見狀十分開心地表示：「搞懂之後是不是很有趣？接下來也是用同樣的方式解答喔。」A男孩還是不知道該如何解題，卻不敢說「我不懂」，覺得愈來愈討厭數學了。

●為何孩子會失去動力呢？

有些老師相當有熱忱，願意付出心力仔細教到學生理解為止。然而，有時過分拘泥於「搞懂」這一點上，會讓孩子感到有壓力。太過強調「搞懂＝好事」的話，孩子反而會對「不懂」這件事心生恐懼。有時也可能導致他們認為「自己不懂＝自己沒用」。

老師為了讓孩子能理解課程內容，有時也會忽略了孩子本身的能力、個性、學習步調，過分降低程度，或是連必要的部分也加以省略。如此一來，孩子面對不懂的事物時，「嘗試去思考的能力」、「試圖去了解的能力」將會逐漸變弱。然而課程內容會不斷變難，勢必會出現不懂的地方，一旦出現「不懂的部分」時，孩子就會因為壓力或恐懼而失去動力。

試著轉換成這種做法！

請告訴孩子「不懂並不代表你沒用」。讓孩子曉得「日後會逐漸明白原本不懂的部分」是學習過程中很常見的現象，就像小一時不懂的地方，現在理解起來毫不費力那樣。

此外應該向孩子傳達「老師以前也搞不懂這些問題」、「老師現在也還有很多不懂的事情」、「世上有很多大家還不太明白的事情」等等，藉此降低孩子對於「不懂」這件事的恐懼。「面對不懂之事的忍耐力」、「持續探究不懂之事的能力」反而才是最重要的。

Point

不懂是不好的事？請配合孩子的步調靜觀其變！

●還須留意這一點

孩子們總是不斷在挑戰各種新事物與困難的事物。除了讀書以外，像是社會的規範、朋友的感受等等，都是人生當中的初體驗。有時會隨著生活經驗的累積而逐漸領略，或是因知識增長而恍然大悟，某一天突然開竅等等。有鑑於此，大人配合孩子的步調，耐心「等待」的態度至關重要。

學習篇
一般
2

／很容易脫口而出的一句話＼

「每天都該勤奮用功。」

NG
逼孩子
勤練基本功

我有把公式背起來，但好像計算錯了…
不能不會計算喔。得每天勤奮用功才行。

A男孩在數學這科有擅長的單元和不擅長的單元。上週的考卷發回來了，父親看過考卷後表示：「圖形的面積問題都不會呢。」A男孩回答：「我有把面積的公式背起來，但好像計算錯了。」父親說：「念書就是要每天勤奮用功，明天開始也要練習計算。」

聽到父親這麼說，A男孩愈發討厭用功念書這件事了。

●為何孩子會失去動力呢？

大人往往都希望孩子能每天勤奮用功，一點一滴打下基礎。可是我認為當孩子聽到「勤奮用功」這句話時，腦海裡所浮現的恐怕是有如苦行僧般辛苦修練的景象。

不擅長讀書的孩子大多不擅長勤奮用功。這句「每天都該勤奮用功」就像是要求他們做不擅長的事來克服不擅長的部分一樣。而且，絕大多數的大人應該很少有從孩提時代就每天努力用功的經驗吧。另一方面，這種希望孩子能每天努力用功的心情，反而會無視孩子的學習步調或能力，將「應該這麼做」的想法強加在孩子身上，讓孩子失去動力。

試著轉換成這種做法！

試著從孩子做得到的部分開始著手吧。課業當中並非全都只有建立於基礎之上的問題，或是不學會基礎就無法解答的問題。過於重視學習的順序，要求孩子先學好基礎，會讓原本就不擅長念書的孩子更加失去學習意願。

首先應該增加孩子的「成功」體驗，盡量減輕他們對學習所抱持的不安是很重要的。比方說數學的「圖形」面積只要知道公式便能作答，若是孩子不擅長乘法或除法，只要先用計算機應急，便能讓他們擁有「成功」體驗；就算寫不出某些字，也能先用注音的方式來寫文章。對於不喜歡每天勤奮用功的孩子而言，總之先讓他們擁有「成功」體驗是較為理想的做法。

Point

說出「該勤奮用功」這句話的大人是否曾身體力行？請以「成功」體驗為優先！

●還須留意這一點

做事勤奮認真本來並非壞事。勤奮在孜孜不倦地努力這層意義上，是相當重要的一件事。然而「勤奮認真」固然好，但「你應該勤奮努力」這樣的說法卻並不妥當。這就跟面對無法付出努力的孩子，與其命令他們「再多努力一些！」，更有效的做法是想想該怎麼做才能讓他們有努力的動機，兩者是一樣的意思。

學習篇
一般
3

／很容易脫口而出的一句話＼

「再仔細想想看。」

A男孩的父親正在陪他做數學功課。父親希望兒子能靠自己的力量算出答案，一直要A男孩試著解題，堅持不肯告訴他答案。

A男孩剛開始花了很多時間努力，但就是算不出來，父親只是不斷重複「你再仔細想想看」。這讓A男孩漸漸變得討厭念書，對任何事都覺得提不起勁。

●為何孩子會失去動力呢？

就大人的立場來看會覺得「自己去思考很重要」，因此會希望孩子不要急著看答案，好好動腦思考。但是這種做法只有在測驗已經具備一定學習程度的孩子實力到哪，或是確認知識時有效。大人已經搞懂的事物通常比孩子來得多，大致上可透過經驗進行判斷思考。然而，對於才剛開始學習的孩子們來說，處處盡是不懂的地方。有些題目對於懂得不多的孩子而言，即使要他們徹底思考也無法得到解答。

無視本人的能力或學習步調，讓孩子長時間與不懂的問題搏鬥，會讓他們不斷產生無力感而更加失去幹勁。尤其是不擅長念書的孩子不懂的問題也會更多，這麼做恐怕只會讓他們徹底失去動力。

試著轉換成這種做法！

一般而言，當著手處理的課題超過一半以上無法解決時，人就會失去幹勁。為了讓孩子保有幹勁，我們必須調整題目的難易度，讓孩子能夠做對一半以上的題目。

若是基礎學力或知識量不足，抑或是遇到程度較高的問題時，不妨立刻公布答案並讓孩子抄寫在筆記本上。得知答案後才明白題目的意義，這種情況其實所在多有，因此教導孩子「該如何思考才能夠導出這個答案」也是相當有用的方法。

此外，學校無法配合每一位學生的程度教學，就算有人不懂也只能先略過，這也可能導致孩子失去自信。

至少別讓家裡成為孩子喪失自信的地方，這點也是很重要的。

Point

很多事情孩子
就算絞盡腦汁
也不會懂！
有時須先看答案
加深理解

● 還須留意這一點

大人難免會擔心立刻就讓孩子看答案的話，會不會養成他們不經思考只會照抄的習慣。但是照抄答案的行為背後，其實隱藏著孩子想讓父母覺得自己表現良好、不想挨罵、不想丟臉之類的不安情緒。與其斥責或擔心孩子的照抄行為，倒不如試著去理解孩子的不安。

學習篇
一般
4

很容易脫口而出的一句話

「這個老師很不可靠耶。」

NG

在孩子面前批評老師

這個老師很不可靠耶。
原來是這樣……
漫畫

A男孩聽到母親抱怨老師：「這個老師很不可靠耶，都沒有好好關心孩子，說的話也一直變來變去的。」

A男孩：**「原來是這樣啊。」**

聽到母親的話之後，A男孩連在上課時都沒打開課本，不準備筆記文具的情形也愈來愈多，就連在家也幾乎不用功念書了。

●為何孩子會失去動力呢？

父母親總是希望孩子能受到最好的教育，因此對老師心生不滿時偶爾會不小心在孩子面前說溜嘴。然而聽到批評老師的言論後，孩子會認為「老師是不對的」，無法理解這些話的背後其實隱藏著父母的擔心。於是他們會開始一一質疑老師的教導，變得不再聽話。就算老師告訴孩子「要認真念書喔」，對孩子來說，這句話其實跟叫他「不要念了」差不多。

對孩子而言，聽從被父母親批判的老師所說的話，就跟失去父母親關愛一樣令人感到恐懼。尤其對大多數孩子來說念書是件苦差事，若有個不必用功的理由擺在眼前，他們就更加不會去做了。

試著轉換成這種做法！

孩子隨時都在挑戰新事物與困難的事物，而且時常感到不安。對他們來說有愈多人當自己的後盾愈能感到安心，也會連帶地產生幹勁。

孩子是以父母親為最大的榜樣，當父母親信賴老師時，孩子也會對老師感到放心。因此，父母親與老師合力當自己的後盾——這種「安全感」對孩子而言是最為重要的體驗。

「我想老師應該是為了你們好，才會那樣說的吧。」

「老師真的好會教喔，我也好想讓這種老師教我。」

就像這樣，父母親不妨在孩子面前多讚美老師，表達對老師的信賴讓孩子知道。

Point

老師是孩子在學校的依靠，表現出對老師的信賴，讓孩子能夠安心

● 還須留意這一點

老師必須教導數量眾多的學生，而這些學生背後則有著為數好幾倍的家長、親人。每個人都有不同的價值觀，因此要做到讓所有人都覺得公平或滿意的班級經營是很困難的。讚美要間接、缺點則要直接向當事人表達，這是保持圓融人際關係的基本方法。若有任何疑慮不妨直接找老師談談。

學習篇
一般
5

／很容易脫口而出的一句話＼

「也試著挑戰應用問題吧。」

NG

意圖使孩子解答所有問題

你已經會解例題了耶。接下來試著挑戰應用問題吧！
我不要做了啦

A男孩與父親一起在寫數學功課。今天的內容有基本例題、練習題與應用問題。首先A男孩試著從例題做起。

父親：「你已經會解例題了耶。接下來也試著挑戰練習題與應用問題吧。」

A男孩原本一直很用功，卻突然表示「我不想再寫了」而將功課丟到一旁。

●為何孩子會失去動力呢？

當孩子能解出簡單的問題後，大人往往會想讓他們再嘗試稍微難一點的題目。只不過在課業學習上，會出現許多名為定義的「固定規則」。尤其對於不擅長念書的孩子們來說，光是要記住這些定義就很頭大了。儘管會解簡單的問題，也並不表示他們已經學會這些「固定規則」，或許只是努力依樣畫葫蘆才寫出正確答案也說不定。以自行車來比喻的話，就好比孩子終於學會騎車無須再依賴輔助輪，卻立刻要他騎尺寸再大一號的自行車一樣。本人或許也會認為只要掌握相同的原則就能做到，但實際上卻沒這麼容易。這樣的事情若一再發生就會讓人失去幹勁。

試著轉換成這種做法！

請先以基礎問題為主軸，優先讓孩子體驗學習內容的整體走向。就算孩子曾解出過一次，有時過了幾天後便會解不出來，因此基礎問題也必須每隔幾天就複習一次才行。在這個時期讓孩子做困難的題目幾乎毫無意義，反而應該讓他們覺得「比想像中簡單」，等基礎問題幾乎都能掌握，產生了安全感與自信心後，便會逐漸萌生想挑戰困難問題的意願。

就像國中生做小學生的題目，有些問題解答起來完全不費吹灰之力那樣，這是因為掌握了學習內容的整體走向後，有時理解力就會陡然提升，或者是對照生活經驗後就能夠輕鬆解答。當學習達到一定程度時，有些問題自然而然就懂了，請等到那個時候再鼓勵孩子做完所有的題目。

Point

沒有必要會解所有的題目！讓孩子覺得比想像中簡單更重要

●還須留意這一點

進展到國小的應用問題後，有時單純為了排名競爭，也會漸漸出現一些有如益智遊戲般困難的問題。像這種題目做再多也不見得能增進實力，對孩子而言也沒有「搞懂了新事物」的真實感受，有時反而會因此喪失學習意願。

學習篇
一般
6

很容易脫口而出的一句話

「寫好的人先交上來。」

NG
令孩子
感到焦急

老師在數學課的最後出了考題，要寫好的學生交到前面來。

老師：「請做第三題，寫好的人交到前面來喔。」

A男孩對數學不拿手，儘管很努力想早點交到前面，卻總是最後一個交。再加上常常因為算錯而被要求重寫，每到課堂尾聲時都覺得膽戰心驚特別疲憊，就算問題寫完了也不再主動上前交出。

●為何孩子會失去動力呢？

請寫好的孩子先交上來的做法有助於掌握整個班級的學習進度。然而，不擅長讀書的孩子會因為在意周遭的眼光而感到不安，並且為了避免別人發現自己不擅長讀書而小心翼翼。聽到「寫好的人先交上來」這句話時，大部分的孩子都會將焦點放在解題速度上。早早就交卷並且全對的孩子會被認為很用功，但總是最後交卷，而且很少答對的孩子則會被認為不用功。

孩子討厭被比較。只有自己遲遲無法交卷時就會感到焦急，一焦急更無法靜下心來解題，滿腦子想的都是如何別讓周遭發現自己不會這件事。久而久之就會從一開始便放棄不管。

試著轉換成這種做法！

就算請寫好的孩子先交上來，也可以在過了一定時間後就在黑板上提示答案，想辦法讓所有學生能依照自己的步調進行解題等。這樣一來即使是無法早點交卷的孩子，也不會受到周遭影響而能安心面對自身的課題。

老師可以利用這段時間在台下稍加巡視，確認每位學生的學習進度。

若要讓全體學生都上前交卷的話，出一些讓所有人都能立即解答的簡單問題，孩子的學習意願會比較高。為不擅長念書的孩子打造能夠安心上課的環境，讓他無須在意周遭的眼光是相當重要的。

Point

就是不喜歡被催促！希望在課堂上能自在又安心

● 還須留意這一點

有些孩子並非不擅長念書，而是屬於需要花時間仔細作答的類型。有時一個問題也會有好幾種解法，也有些孩子喜歡思考是否有其他雖然比較花時間卻不一樣的解法。要這類型的學生快速作答的話，或許會讓他們因為在意周遭目光而只求有答案就好，漸漸變得不注重解題過程，或是不再推敲不同的思考方式等等。

學習篇
一般
7

／很容易脫口而出的一句話／

「念書時去自己的書桌念。」

NG

認為孩子討厭念書是因為不會念書的緣故

念書時去自己的書桌念。
咦——這裡明明比較好～

討厭念書的A男孩在餐桌上寫作業。母親認為在餐桌上無法集中精神用功，所以想讓他養成在自己書桌專心念書的習慣。

母親：「念書時在自己的書桌念會比較好喔，在這裡會分心無法集中精神。」

聽完母親的話後，A男孩變得愈發討厭念書了。

● 為何孩子會失去動力呢？

大人總認為孩子只要喜歡上念書功課就會變好，功課好自然就會喜歡念書，因此會想辦法讓孩子體會「只要去做就能做到」的成就感。然而，比起念書更令孩子感到討厭與恐懼的事物之一，就是「孤立」。不擅長念書的孩子之所以願意去學校坐在課椅上聽課，不外乎是因為身邊有一起學習的朋友、想博得老師的關注等。

對於不擅長念書的孩子來說，念書絕對不是一件輕鬆的事。但身邊如果有人願意一同參與，或許就能讓他們樂在其中，甚至開始喜歡上念書這件事，所以絕對不是「不會念書就等於討厭念書」。有些孩子若缺乏被守護的安全感，便會無法專注用功而變得討厭念書。

試著轉換成這種做法！

在國小低年級的階段時，陪孩子一起用功是比較理想的做法。若時間上不允許一直陪著孩子，不妨在孩子寫完作業後幫忙檢查，或是說些鼓勵的話、寫下「你好棒」之類的評語。

若孩子就是想在自己書桌以外的地方念書，有可能是在尋求安全感，因此別讓孩子落單，可以讓他們在客廳或餐桌等處用功。

孩子上了國中以後，就不太會要求父母親教導功課，而課程內容也會愈來愈有難度。由於必須學習這些困難的事物，孩子會希望父母親給予鼓勵，或是體諒自己疲憊的心情。即使無法隨時陪伴在孩子身邊，也請理解他們所面臨的這些狀況。

Point

不會念書≠討厭念書
別讓孩子感到孤立無助！

●還須留意這一點

絕大多數的孩子用功念書的動機，並非出自於想體會學問的樂趣。不想挨罵、想獲得父母親或老師的稱讚、不想輸給朋友等才是最原始的動機。這點國中生亦然。明明別人家的父母親都會陪著孩子一起念書，反觀自己家卻沒有任何人理睬，若是孩子因此而感到落寞難過，便有可能會想找人作伴而離家去找朋友。

學習篇
(一般)
總整理

孩子需要安全感才能產生念書的動力

念書時
去自己的書桌念
困難的題目
也必須會解才行
老師在學校
究竟有沒有
好好教啊？
有競爭
才會努力嗎？

●錯誤思維的背景

有些大人回顧過往，會覺得如果自己在孩提時代這樣做就好了……而感到後悔。這種不希望孩子重蹈自己覆轍的心態，往往會導致父母親的想法與孩子的意願以及實際狀態背道而馳。

●激發孩子幹勁的關鍵

告訴孩子念書的有趣之處、給予加油打氣，都不如花心思打造讓孩子能安心用功的環境來得重要。此外，不期待用功過後的成果、無論結果如何都一起面對的這種態度，應該會讓孩子感到更加安心。最重要的是大人要保持平常心。

注意這點

孩子的安全感

按照自己的步調來就好

從做得到的部分開始著手

就算無法立刻搞懂也沒關係

大人與孩子一起面對

●理解孩子的關鍵

孩子每天都在學習新的事物，所以一定會有許多不明白的地方，而且相當不安。

大人不經意的一句話或態度就會影響到他們的情緒，導致他們失去念書的意願。

Column 2

2+1=1？

從前教過的學生升上國中後，曾跟我說過一句話：

「學校教的數學，有些部分我怎麼樣都想不明白。」

於是我問道：「比方說哪些呢？」

「媽媽告訴我『可以吃1個冰箱裡的冰淇淋』，我就把家裡的2個冰淇淋跟自己要吃的那1個合在一起，當成1個全部吃掉了。所以『2＋1＝1』是不是也說得通？」真是虧他想得出來。其實在數學的領域內，「2＋1是否會等於3」仍是未知數，只能探討2＋1＝3這種思考方式「究竟是正確抑或不正確？」而已。這些觀念稱之為《數學基礎論》，即便在1990年代，東京大學、京都大學也尚未有專門的課程講授這個理論。這是一個探索人類思考與計算極限的全新領域。其他像是：

「50度的熱水加50度的熱水並不會變成100度。」

「原本2個人打掃，再多加1個人反而變得礙手礙腳。」

諸如此類「2＋1＝1」的情況，在這個世上比比皆是。

減法也有相同的現象。例如在計算上「6－1＝5」，然而「6個人一起工作，有1個人退出後，效率反而提升了」也會發生這樣的情形。

數學上的計算與真實世界的情況是否吻合是兩碼子事。以「機率」來說，數學上認為骰子每一面的出現機率為6分之1，可是實際上由於表面雕刻的面積不同的緣故，有時「1」或「2」反而比較常出現。

（田中）

第2章

學習篇
（各科目）

令孩子喪失念書動力的NG言行

試著寫下心得如何？
…就是這樣我才不想看書。

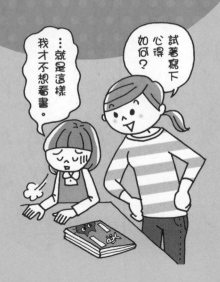

學習篇
各科目—國語1

1

很容易脫口而出的一句話

「聽說有同學看了這本書還哭了呢。」

NG

試圖讓孩子變得喜歡看書

聽說○○同學看很多書耶。
這本書聽說很有趣喔～！
△△同學還看到哭呢。
……
推開

A男孩不是很喜歡看書，因此母親請認識的人介紹一本好書給她。

母親：「這本書很有趣喔，要不要看看？聽說小B看完感動到哭了呢。」

A男孩只試著翻了幾頁就立刻不看了，對於看書變得更加不感興趣。

●為何孩子會失去動力呢？

大人總會期待孩子能藉由閱讀各類書籍，培養豐富的想像力、思考能力與感受力。如果孩子都不看書，大人就會擔心他將來的發展，而試圖買一些他可能會感興趣的書讓他閱讀，有時甚至會以「聽說○○同學看很多書耶」、「聽說有人大為感動還哭了呢。你也讀看看吧」的說法，想盡辦法讓孩子看書。可是有些孩子就是無論如何都很討厭看書，追究其原因，不外乎對內容沒興趣、無法專心、字彙太艱深、閱讀文章很痛苦等等。

若本人毫無看書的意願，或是覺得閱讀本身就很痛苦，大人還一廂情願地一直說書多有趣、強迫推銷，只會讓孩子更加抗拒，變得更討厭看書而已。

試著轉換成這種做法！

首先請大人想像一下閱讀英文書籍時的感受。即便是人稱文學價值很高、內容生動有趣的作品，除了部分專業人士以外，面對寫滿英文的書還能夠讀得津津有味的人應該很少吧。一般來說，起初應該會比較關心英文圖鑑、繪本、漫畫或自己多少感興趣的領域，這類書也比較看得下去。

孩子也是一樣，因此首先應該從親近文字開始，即便最初買的是漫畫或為了贈品而買的雜誌、滿滿都是人物圖片的雜誌也無所謂。接下來再轉移到孩子感興趣的領域的書（比方說喜歡打電動就買電玩攻略本等等），目標在於讓孩子明白原來書裡也會寫自己喜愛的事物。

Point

不強迫孩子看書！靜待孩子產生興趣

● 還須留意這一點

就像不懂英文單字就看不懂英文那樣，要看中文書也必須知道一定程度的國字，否則無法閱讀。因此，若是擔心孩子都不看書，不妨試著讓孩子多學習一些國字。多記一些字絕對不會沒有用武之地，而且會讓文章閱讀起來更容易，也能促進孩子看書的意願。更重要的是，只要記住就能增進孩子的實力，也能為孩子帶來成功體驗。

我超喜歡電車的。
在書店…
這裡有很多關於電車的書喔。
電車圖鑑
我想看這本圖鑑!!
這本書有介紹發明電車的人耶。
哇—那我想讀讀看。

學習篇

各科目—國語2

2

很容易脫口而出的一句話

「不如報名讀書心得比賽如何？」

NG

強迫孩子看書後寫下心得

試著寫下心得如何？
……就是這樣我才不想看書。

A男孩：「媽媽，這本書很有趣耶。」
母親：「哪些地方讓你覺得有趣呢？」
A男孩聞言後頓時語塞。
母親：「試著寫下心得如何？而且還能報名暑假的讀書心得比賽。」
A男孩：「……就是這樣我才不想看書。」

●為何孩子會失去動力呢？

孩子在看完書後寫下心得，如果還能在作文比賽中得獎，對做父母的來說實在與有榮焉。要寫出心得，首先必須具備閱讀書本的能力，接著是感受內容的能力，最後則是透過文字表現的寫作能力。然而閱讀與寫作其實是完全相反的兩種概念。閱讀是往大腦輸入資訊，寫作則是從大腦輸出資訊。對孩子而言，就算能讀懂文章，寫文章卻有可能是很吃力的作業。

若是有讀書心得比賽的話，大人往往會希望孩子能在看完書時也寫下讀書心得，不論孩子本身的能力如何，都要求孩子也具備寫作能力。如果是不擅長寫文章的孩子，便有可能連看書這件事都感到排斥。

試著轉換成這種做法！

即便孩子願意看書，父母也請不要對於這件事抱持任何期待。讀書不是為了功課也不是為了增廣見聞，只要單純覺得有趣即可。

在此讓我們試著將「看書」代換成「看電影」吧。假設跟孩子一起去看電影，看完後要他寫有關電影的心得，或是出題測驗他究竟理解了多少內容的話，他應該會再也不想去看電影吧。一般應該會說「很有趣的電影呢，我們下次再去看電影吧」。

看書也是同樣的情形。大人不妨向孩子傳達想一起讀書的興致，例如「原來這本書這麼有趣呀，那我也來讀讀看」、「我們一起去圖書館找找有沒有好看的書吧」之類。

Point

喜歡看書，但不想寫心得！看書單純只是一種享受

●還須留意這一點

大人總是會忍不住對看完書的孩子表示「你要成為（像主角那樣）了不起的人喔」、「你也應該要怎樣怎樣」。而且會將閱讀當成課業的一環，希望孩子交出成果，想知道「看完書後孩子的學習能力究竟進步了多少」。其實，孩子主動推薦其他同學「這本書很有趣，可以看看」或許才是最棒的感想。

學習篇
各科目—數學1
3

／很容易脫口而出的一句話＼

「以計時的方式作答看看吧。」

NG
意圖使孩子快速解題

再來以計時的方式作答吧。
欸欸～緊張起來可能會算錯…

A男孩正與父親一起練習數學題，A男孩屬於慢工出細活的類型。

父親：「接下來以計時的方式作答看看吧。」

A男孩：「欸欸～緊張起來可能會算錯，不能慢慢算嗎？」

父親：「剛開始當然可以，不過考試都有時間限制，所以必須解得更快才行。」

A男孩因此愈來愈討厭數學了。

●為何孩子會失去動力呢？

為了讓孩子加快解題的速度，大人會想採用計時的方式加以訓練。畢竟學校也有考試，這也無可厚非。然而能否快速解出數學問題，與是否具備數學能力其實是兩回事。數學本來的目的就不是縮短「時間」，其用意亦非要大家競爭「速度」。原本數學應該是花多少時間解題都無所謂的學問，課綱亦未要求學生具備快速解題的能力。

然而實際上，為了考試就需要快速解題，但要做到這點必須具備不同於數學能力的處理能力。若A男孩的處理速度較慢，要求他加強這項能力，可能會讓他連帶地討厭數學這個科目。再者，若是連解題都有困難的孩子，要求其加快「速度」很有可能會導致他完全失去幹勁。

試著轉換成這種做法！

能快速解題固然最好，但若是一開始無法快速解題時，不妨讓孩子自行設定一個目標時間，接著幫忙計時，讓他在解題時盡量接近這個時間。

做完題目後，如果離目標時間太遠，再請孩子思考為何會這樣、下次該如何設定目標時間等等，這麼一來就能讓他客觀地檢視自己的能力。若為同類型的計算問題，不妨記錄下之前的最短時間，再以此為基準，將稍微短一些的時間作為目標時間。

利用這個方法，在集體教學讓孩子做相同的題目時，即便有的孩子解題速度較快、有的較慢，也能對接近自己目標時間的孩子表示嘉許，而不會讓速度較慢的孩子覺得受傷。

Point

討厭慌張解題的感覺！想依照自己的步調作答

●還須留意這一點

升學考試必須決定能夠入學的人數，為了清楚設定錄取標準，往往會出許多無法在時間內做完的問題，讓學生比拚作答速度，以方便列出排名高低。這其實也是令孩子討厭念書的原因之一。

學習篇
各科目—數學2

4

很容易脫口而出的一句話

「以心算的方式作答。」

NG

不讓孩子用手指計算

計算時要用心算的方式。
什麼～
用手指比較好懂嘛。

A男孩就讀國小一年級，不太擅長以心算的方式計算。

母親：「你又在用手指計算了。」

A男孩：「嗯。用手指比較好懂嘛。」

母親：「不可以喔。請你用頭腦計算。」

A男孩因此變得很討厭計算。

●為何孩子會失去動力呢？

做父母親的會希望孩子遇到簡單的計算問題時，能不必扳手指用心算的方式算出答案。然而不擅長計算的孩子，很可能是有關數字的概念尚未發展完全。例如在學習加法的過程中，起初孩子會使用兩手的手指比出加數與被加數，再從1開始數起以得出解答。之後在經過各種算法的訓練後，最終無須再依賴手指便能計算抽象的數字。A男孩尚處於扳手指計算的程度，在這個階段必須讓他盡情利用手指以建立數字的概念。若是周遭的大人因為過於心急而禁止孩子使用手指的話，孩子就會在原地踏步，在計算上一直受挫，並因此喪失學習動力。

試著轉換成這種做法！

計算問題應該讓孩子盡情使用手指來解答。

當人在做出某些表示時，或是想理解某些事物時，經常會使用身體來輔助。就好比記新的單字時會用手指在空中比劃摹寫；在物理學方面則有一些法則是以運用手為前提來理解或使用，像是弗萊明的右手定則與左手定則等等。因此只有計算不能用手指進行其實是毫無根據的想法。

利用身體作為輔助工具有助於孩子發展數字概念，加深理解。剛開始也可以使用積木或算術板讓孩子進行計算。其他像是正確數數的練習，若是搭配在腦中想像的練習，比方「從15顆糖果中拿7顆給朋友」、「倒數第8位是誰？」的話，會更加具有效果。

Point

隨時都能利用手指大人也會這麼做

●還須留意這一點

大人在日常生活中也會經常使用手指數數或進行計算，例如清點會場入座的人數時、計算絕對不容出錯的重要加法時，愈著急時愈會運用手指幫忙。請理解孩子正處於學習的過程中，課業經常會壓得他們喘不過氣而備感不安，因此才會總是想用手指來輔助。

學習篇
各科目—自然1
5

／很容易脫口而出的一句話＼
「植物單元也得好好學呀。」

NG

希望孩子每個單元都能學得紮實

電路部分考得很好嘛。植物可得好好加強。
做實驗很有趣，但我討厭植物！所以我才討厭自然科啦。
自然科

A男孩不太喜歡自然科，今天發了考卷回來。母親：「電路考得很好嘛。」

A男孩：「因為做實驗很有趣，而且我喜歡燈泡，但我討厭植物。」

母親：「不要覺得討厭，得全面兼顧呀。」

A男孩：「就是因為還得學植物，所以我才討厭自然科。」

●為何孩子會失去動力呢？

當孩子特別喜歡或排斥某些科目時，大人難免會感到不安，並希望他們各個學科都能均衡發展。然而現實總是無法盡如人意。以體育為例，體育還可細分為游泳、單槓、球類競技、跳箱、墊上運動等項目，即便是喜歡體育課的孩子，也有可能並不擅長墊上運動，對孩子來說擅長與不擅長的項目不盡相同。同理自然科也一樣，自然科在高中會細分為物理、化學、地球科學、生物，有些學生可能擅長物理，卻不擅長地球科學或生物。然而國中．國小的「自然科」卻含括了物理、化學、地球科學、生物這四個領域，這是因為大人希望讓孩子平均地學習每個領域。而孩子對於不同的課程內容感到喜歡或排斥，呈現出擅長或不擅長的傾向是很正常的，若不將這點考慮進去，只是一味要求孩子用功的話，可能會導致孩子失去動力。

試著轉換成這種做法！

自然科尤其需要透過實驗或觀察等實際體驗來吸引學生，否則是一門很難讓人產生興趣的科目。因此最好從一開始就不要期待孩子會對自然科的所有單元感興趣。對於討厭或不擅長自然科的孩子，可以問問他們哪些單元不太擅長，以及喜歡或比較不排斥哪些單元等等。

若孩子有比較喜歡的單元，或對某些單元感興趣、比較不感到排斥的話，暫且以這些單元為中心來學習便足夠了。此外，請勿期待孩子會因為感興趣而取得好成績。可以讓孩子加強學習數學或國語等其他科目，以彌補自然科的不足，並隨時留意孩子的進度。

Point

自然科不能有不擅長的單元？讓孩子透過喜歡的單元增加自信吧！

●還須留意這一點

人生中需要物理、化學、地球科學、生物等所有領域知識的人幾乎為零。那麼為何國中・國小必須全方位地教導這些課程呢？其實就算沒有必要，也會教導所有領域乃是教育制度的公平之處，也是優點，這公平地賦予了所有人應考的機會。因此就算孩子某部分學得不好，也沒必要強迫他學會。

學習篇
各科目—自然2
6

／很容易脫口而出的一句話＼

「把得到的結果整理在作業簿上。」

NG

迫使孩子統整
實驗與觀察結果

把實驗得到的結果整理在作業簿上喔！
什麼～

今天上自然課時做了實驗。A男孩興致盎然做得很起勁。

老師：「接下來請將實驗得到的結果、發現整理在作業簿上。」

A男孩寫下「這個實驗很有趣」。

老師：「就只有這樣？沒有其他的嗎？」

A男孩左思右想仍舊想不出什麼，變得很討厭做實驗。

●為何孩子會失去動力呢？

做完自然科的實驗後，老師會希望學生將發現的結果整理在作業簿上，藉此達到統整知識並加以吸收的目的。其實有很多孩子雖然討厭自然科，卻表示自己喜歡做實驗，這是因為比起聽老師講課，做實驗能夠自己動手接觸實驗器具、體驗化學或生物等等的各種現象。另一方面，也有些孩子覺得「討厭做實驗，很麻煩」，原因就在於做完實驗後會出作業，要他們寫下實驗和觀察結果。

做實驗、進行觀察後加以理解或體驗，與透過文字統整結果是兩碼子事。對於不擅長寫文章的孩子來說，要用文字表達實驗和觀察的結果是一件很痛苦的事。強迫這些孩子寫下實驗和觀察的結果，不單會讓他們討厭實驗，還可能連帶厭惡起自然科。

試著轉換成這種做法！

請將做實驗與彙整結果視為不同的學習項目並分別進行指導。為了盡量減輕學生整理時的負擔，可以嘗試這麼做：

- 老師先寫出彙整好結果的文章，只讓學生圈選重要結果的部分。
- 要學生統整成文章時，事先提示關鍵的詞彙（例如「空氣・光・溫度・變大・膨脹・萎縮」等等）。
- 要學生把觀察到的東西畫成插畫或圖表時，可以讓學生在已經畫好的圖上追加表示。

透過這樣的方式會相當有效。不要企圖藉由統整實驗和觀察結果來訓練學生的國語文「彙整能力」，首先最應該考量的是如何讓學生感受到實驗的樂趣。

Point

彙整實驗結果屬於國語文的範疇單純讓孩子感受實驗的樂趣即可

●還須留意這一點

一般會說「彩虹有7色」，然而彩虹的描述方式或色彩數量，會因語言與文化的不同出現落差。在日本也是隨著時代或地區而有不同的說法。每種語言對自然的描述方法亦不盡相同。將文字或公式套用在大自然上促進學生理解，乃自然科的教學目的之一，但對於較不擅長運用詞彙的孩子而言，這也是讓他們討厭自然科的一大因素。

接著請將實驗得到的結果寫下來！
咦～我不會寫!!
自由發揮就好。
做實驗明明很有趣…
那就用這張講義選出空格的答案。
!
提示
空氣・光
溫度・萎縮
這個的話我會寫！
好想再做實驗喔——!!

學習篇
各科目—社會1
7

很容易脫口而出的一句話
「歷史其實很有趣的。」

NG

欲透過社會科的學習提升孩子的社會科實力

「社會」其實是所有科目中最有趣的喔。
我不是很拿手耶…
社會

A男孩不擅長念書。

父親：「社會其實是所有科目中最有趣的喔。」

這位父親喜愛歷史也經常讀歷史小說，因此認為只要兒子覺得歷史有趣，必定也會喜歡上社會科，所以會帶他去古城參觀、一起看歷史劇、買歷史漫畫回來。可是A男孩卻反而變得更加討厭社會科了。

●為何孩子會失去動力呢？

大人為了讓孩子對社會科產生興趣，會盡可能帶他們實際接觸文物，或讓他們進行模擬體驗。只不過學習基本上必須透過「閱讀」→「理解」→「書寫」的過程，否則難以融會貫通。無論故事再精彩，若欠缺閱讀能力的話便無法理解；就算讓孩子實際體驗或參與活動，若沒有吸收這些知識的能力或書寫彙整的能力，便無助於成績表現。假如A男孩不擅長國語，那麼讀歷史讀物無疑是件苦差事，大力推薦反而只會讓他更討厭社會罷了。此外，學習地理需要具備解讀長條圖、折線圖、百分比等數據的能力，若是A男孩不擅長數學，理解起來也會更困難，或許就會對社會科的學習感到意興闌珊。

試著轉換成這種做法！

若孩子不擅長社會科，國語或數學也都不太行的話，首先應該從提升國語或數學能力開始著手。

每個孩子對社會課本的解讀能力原本就不一樣，即便使用同一本社會科的教科書教學，國語能力較強與較弱的孩子之間還是會出現落差，畢竟資料有時會出現大量的艱深字彙或詞句。

此外，提升數學能力也有助於孩子用更有邏輯的方式理解社會科所學的事物。

「從國外進口便宜的商品」↓「國內製造該產品的工作減少」↓「工作減少金錢也會減少」↓「對該商品課徵關稅」是課本上會出現的內容，若孩子的邏輯思考能力較低，可能就會難以理解箇中關聯。

Point

社會科是以國語與數學能力為基礎！先從國語與數學著手！

●還須留意這一點

有些明星國中的入學考試並不考社會科。這並不是因為社會科不重要，而是很難針對社會現象設計出符合小學生程度卻又能深入理解或表現的試題。國小4個科目的測驗都是以一百分為滿分，但在學校學習社會科的時間卻比不上國語及數學。這是因為社會科必須建立在國語能力與數學邏輯力等基礎上，才有辦法理解的緣故。

看起來似乎不太擅長「社會」…
你不擅長哪裡呢？
因為歷史有一大堆文章要讀啊！
參考資料很難，又有很多艱深的字…
反正就是很難啦—
原來如此，他需要加強讀解力與字詞的學習。
社會
首先就從確實學好國文做起吧！
嗯！

學習篇
各科目—社會2
8

很容易脫口而出的一句話

「只要背一背就好啦。」

NG

認為社會科只要死記就能考好

我討厭「社會」啦。
「社會」只需要背而已耶？
社會

A男孩不擅長念書，也不喜歡社會科。

父親：「社會科才考40分嗎？社會只需要背起來就可以了。」

這位父親認為社會科跟數學不一樣，只需死背而已還算簡單。但儘管他陪著A男孩複習了各種內容，A男孩還是愈來愈討厭社會科了。

●為何孩子會失去動力呢？

大人根據自身從前一味硬背社會科的經驗，往往會認為就算不擅長社會科「也只要死記下來就好」。不過普遍來說，不擅長念書的孩子多半也不擅長背東西，再說社會科需要記住的名詞也比較艱深。比方說課本上會出現「國際化」、「多元文化社會」、「經濟特區」、「政府開發援助」等距離日常生活很遙遠的詞彙，就算能背下這些名詞在考試取得高分，也很快就會忘記。國語和數學就算升上高年級也必須用到基本功，因此包含計算和單字在內，會反覆複習同樣的內容，然而社會科卻極少反覆學習相同的內容。

因此，對原本就不擅長背東西的孩子而言，會覺得社會科很難學會而感到棘手。

試著轉換成這種做法！

社會科的考試分數與實力其實並不一定成正比。就算孩子很努力用功，社會科的成績從40分進步到80分，家長應該也不至於認為孩子對於社會運作的原理就理解了2倍吧。

此外，社會科也並非努力就能看到一定成果的科目。

因此，對於不擅長社會科的孩子，與其逼他們背一大堆東西，不如從一些有趣的事物著手，例如去圖書館讀圖鑑或歷史漫畫、闔家觀賞史實電影或古裝歷史劇、親子一起玩歷史模擬遊戲同樂等等。

若必須用功準備考試的話，不妨與孩子一同想些方便記憶的口訣。

Point

別硬逼孩子死記
一起觀看電影
同樂吧！

●還須留意這一點

原本社會科是一門與人類生活和人生有深刻連結的學問，同時也是探究每個人對人生深入思考了多少的可貴行為。將這些以考試的方式計分，就等於是為每個人的想法打分數，這本來就是件不可能的事。也因此，有時社會科的考試只能出一些客觀死背的問題。

學習篇
（各科目）
總整理

顧及孩子的特質、能力 並考量各科目的性質

解題的速度
必須要更快
社會明明
只須死背而已
無論電路或植物
全都得學好
自然科的實驗結果
要整理在作業簿上
比較好
歷史其實
非常有趣喔

●錯誤思維的背景

大人從孩提時代便經過了各個科目的洗禮，也有升學考試的經驗，因此大致明白該如何學習會比較好，並會根據這些經驗，將自己認為理想的學習方式強加在孩子身上。然而不顧及孩子的特質或能力的話，不僅無法順利收到成效，反而可能會奪走孩子的學習動力。

●激發孩子幹勁的關鍵

請大人回想一下自己的孩提時代。那時無論大人如何鼓吹某個事物有多有趣，若自己覺得太難或沒興趣的話，肯定不會去嘗試吧。眼前的孩子究竟是在哪裡跌倒的、對什麼感興趣，都是大人必須確實觀察的重點。

注意這點

理解孩子的特質、能力

不要因為有所期待
而逼孩子看書

有不擅長的領域
也沒關係

以加強
數學、國語
為優先

●理解孩子的關鍵

孩子不會想做沒興趣的事，遇到滿是無法了解的內容時就會覺得厭煩。強迫孩子做不擅長的事，就會讓他們連帶對有所關聯的科目感到厭惡。例如討厭自然科的理由，有時是因為必須整理實驗結果（考驗語文能力）的關係。

Column 3

沒有任何一位數學家了解分數的意義？

已辭世的京都大學數學家森毅教授，長年於京都大學講授數學課程。森教授在著作之中提到「我敢斷言，在日本的數學家當中沒有任何一個人了解分數的意義。就連我也是最近才達到似懂非懂的程度而已」。讓我們看看暑假或寒假作業中「百變分數」這個主題又是如何呢？

3分之1為0.3333…。
3分之1乘以3等於1。
0.3333…乘以3等於0.9999…。
1＝0.9999…或是0.9999…就代表1，有各式各樣的看法。
不過，0.9999…＋0.9999…等於「2」似乎有點勉強。
3分之1為0.3333…。
3分之2為0.6666…。
3分之3為0.9999…。
也很令人感到不可思議。

另外還有一點。「2分之1」＋「3分之1」＝「5分之2」是錯誤的。日常生活中經常會用到這個說法，讀者們是否曾察覺有異呢？

「鈴木一朗昨天2打數1安打，今天3打數1安打，所以加起來總共是5打數2安打。」

就好比這樣的情況。大學數學將此稱之為打擊率式分數計算，並認定此算法有效。思考為何這個方法不適用於學校所教的數學，也很別具一格。透露一點提示，不管怎麼加都無法超過「1」，此外，也不能用減法、乘法、除法去計算。動腦想想學校沒教的「百變分數」也不賴。

（田中）

第3章

家長篇

令家長失去教養意願的NG言行

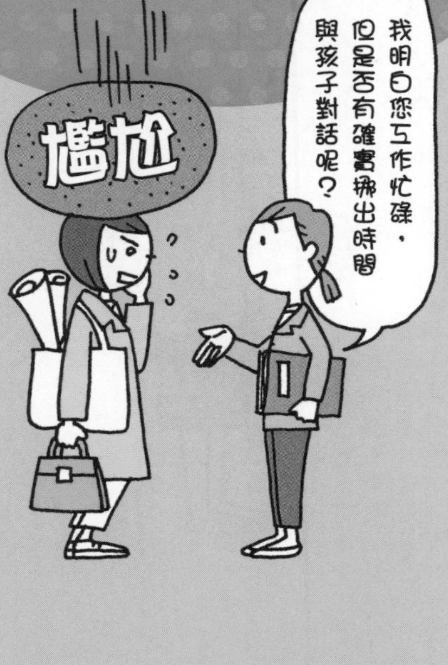
尷尬
我明白您工作忙碌，
但是否有確實挪出時間
與孩子對話呢？

家長篇

1

／很容易脫口而出的一句話／

「我想孩子一定感到很寂寞。」

NG

認為孩子寂寞是父母親關愛不足的緣故

父母親都很忙碌
我想小A
應該很寂寞……
無言……

A女孩經常與朋友鬧翻，又很黏老師，會在老師與朋友對話時插嘴，有時還會說謊試圖引起老師的注意。老師認為A女孩應該是因為雙親忙於工作而感到寂寞，因此希望母親能多關愛A女孩，並向她的母親這麼說：

「父母親都很忙碌，我想孩子應該很寂寞。」

母親聽到這句話後，覺得心情很沮喪。

●為何家長會感到情緒低落呢？

看到孩子可能因為寂寞而表現出不適應行為時，老師難免會希望家長能「多關愛孩子一點」。然而「我想孩子很寂寞」這句話之中，也同時傳達出了「父母親的關愛不足」、「家庭內是否有問題呢？」的意思。而這樣的想法背後有時也代表著「父母親只顧著工作，總是讓孩子一個人」、「沒有好好與孩子互動」這樣的臆測。

可是，絕大多數的父母親即使想努力多陪孩子一點，有時現實狀況就是無論如何也辦不到。父母親多少都會留意就算工作忙碌也別冷落了孩子，也不願意讓周遭產生這樣的觀感。在這樣的情況下，「孩子應該很寂寞吧？」這句話，無疑是刺入家長心裡的一根刺。

試著轉換成這種做法！

即便出發點是為了孩子好，但像「孩子可能很不好受」這種會引起父母不安的說法應該盡量避免。

要讓父母產生「再努力一點吧！」的心情，最好的方式就是盡量讓父母自己本身提起精神。

因此，老師的態度十分關鍵，必須正確理解家長平時有何擔憂、家庭的狀況如何、與孩子的關係等等，若有必要則轉告家長孩子在學校的情形。若是覺得孩子似乎很寂寞時，老師本身不妨多加注意，予以關照。

Point

孩子很寂寞
＝關愛不足？
正確理解父母親的狀況並一同想對策！

●還須留意這一點

我在與教師們開研討會，並針對表現出不適應行為的孩子進行討論時，往往會聽到「我想應該是這孩子所受到的關愛不足」之類的意見。而且提到關愛不足也會令人聯想到不當教養或構成虐待的忽略行為。然而幾乎所有的不當教養或虐待，都不是起因於父母親的關愛不足，而是受到各種因素的影響。因此很多狀況無法只用關愛不足一詞來說明。

家長篇

2

＼很容易脫口而出的一句話／

「在家請多誇獎孩子。」

NG

認為凡事
多讚美孩子準沒錯

A男孩看起來總是缺乏自信、舉止浮躁，上課被點名答題也經常回答不出來。有時候會與朋友起爭執而忍不住動手。A男孩在家似乎時常挨罵，老師覺得他在家應該很少受到稱讚，因此對他的母親表示「在家請多誇獎他」。母親聞言後卻嘆了好大一口氣。

●為何家長會感到情緒低落呢？

老師想幫助A男孩建立自信的想法其實並不難理解。然而就父母親而言，有時會強烈希望老師能先了解孩子的狀況再發言。

在前面的例子中，從A男孩在學校表現得很浮躁，還會對朋友動手的情況來看，不排除在家也有相同的問題。例如在家都不幫忙做家事、房間弄得一團亂、老是跟手足起爭執、不用功只顧著打電動、被糾正就會惡言相向等等。在這種情況下，父母親應該會感到很心累吧。然而老師還建議「請多誇獎他」，只會讓父母親認為這位老師根本一點都不了解孩子的狀況，從而產生不信任感。

試著轉換成這種做法！

不妨向母親詢問「小A是否有哪些方面令您感到傷腦筋呢？」，她一定有很多話要說。確實傾聽家長的話，了解家長在管教上所付出的努力與辛勞，老師與家長合力正確掌握孩子的狀態，才是進行改善的第一步。即便老師在這當下很想給出建議也應該極力避免。

接著必須詳加判斷是否單純只需父母親誇獎孩子就能改善這些問題。稱讚的時機或次數有時須視情況調整，孩子看起來缺乏自信也可能是其他問題造成的。不妨與家長一同整理出何種方式能收到效果，何種做法則成效不彰。在日常生活中，明確分配父母親與老師能起到的作用，亦不啻為一種方法。

Point

光誇獎孩子是行不通的 需正確掌握父母親的訴求！

●還須留意這一點

就算老師在家長面前讚美孩子「您的孩子相當懂事乖巧喔」，家長並不見得會感到開心。比起這些口頭誇讚，父母親會更希望老師能仔細觀察孩子，因此應該將學生的學習狀況好壞、優點、問題點整理之後知會家長。只不過，若一味告知較為負面的訊息，可能會讓父母親認為「這老師只注意孩子的缺點」，而表現出抗拒的態度。

家長篇 3

很容易脫口而出的一句話

「在學校明明是個好孩子呀……」

NG

認為原因出在原生家庭

小A在家很不聽話，又老愛跟弟弟吵架……
他在學校明明是個好孩子呀～

A男孩的母親覺得很傷腦筋。A男孩在家不但不聽話，還會欺負弟弟，只顧著玩電動不用功，出言糾正時，他的態度會更惡劣，甚至口出惡言「煩死了，老太婆」。母親於是找老師商量。

老師覺得很驚訝，因為A男孩在學校給人的印象是「認真又努力的孩子」，並表示「他在學校明明是個好孩子呀」。聽到這句話，母親的臉上頓時籠罩著一層陰霾。

●為何家長會感到情緒低落呢？

若孩子在學校與在家裡的態度截然不同時，難免會令人懷疑可能哪一方有問題。本篇的案例為「在學校很乖，在家卻很壞」，相反的也會有「在學校很壞，在家卻很乖」的情形。後者或許會讓家長覺得「應該是學校的問題吧？」、「可能是老師的指導能力不足？」。同樣地，若孩子只在家中表現得很壞，老師認為「可能是在家的規矩沒教好？」、「可能是家庭有問題？」也是情有可原。所以才會不經意說出「在學校明明是個好孩子呀」這樣的感想。母親因為傷腦筋而找老師商量，卻反倒像是被暗示「是不是家庭有問題」，心裡才會更加覺得不好受。

試著轉換成這種做法！

找出原因究竟是出在學校還是家裡其實沒有太大的意義。在學校可能只是因為怕老師而裝乖也說不定。

因此與其思考原因出在何處，倒不如想想老師與家長該如何合力協助孩子。為此，先出言體恤家長的辛勞相當重要，比方說「小A在家的任性行為可能是在發洩學校的壓力」、「媽媽您在家的包容是相當有幫助的」之類的慰勞關懷。

接下來再詢問A男孩在學校或在家裡有無任何感到喘不過氣或不安的情形，並與父母親共同掌握這些資訊。

Point

在學校乖乖 在家卻使壞 是家裡有問題？ 孩子也會看對象、場合展現不同態度

●還須留意這一點

孩子會看對象、場合展現不同的態度，並不一定是件壞事。在學校與在家裡的態度不同其實是再普通不過的現象。這是孩子的一種處世方式，也是將來不可或缺的能力。不過，若是父母親堅稱在家沒問題，孩子卻在學校頻頻闖禍時，不排除有遭受虐待的可能性，必須在家庭訪問等時機仔細判斷狀況。

小A在家不但不用功，還會口出惡言。
原來他在家是這樣…
這樣啊…
媽媽應該也管得很累…
唉
小A在家裡會這樣可能是在發洩學校的壓力。
安心
我也會問問小A，了解一下他在學校或家裡是否感到不安。

家長篇

4

很容易脫口而出的一句話

「不然找諮商心理師談談？」

NG

立刻想借助專家之力
來解決問題

小A完全
不想去上學…
不然要不要找
諮商心理師談談？

A女孩最近很排斥上學。早上會突然說不想去，詢問理由也只是回答「就是不想去」。媽媽向爸爸反應此事只得到「先觀察一陣子看看」的意見。母親覺得很不安而找導師商量。

老師對母親表示：「我也很擔心她。不然要不要找諮商心理師談談？」母親聞言後心情變得很沮喪。

●為何家長會感到情緒低落呢？

母親找老師商量對策，老師急於盡快提供協助而認為找專家會比較好，打算推薦諮商心理師。可是母親來找老師商量，並不是想從專家那裡知道小A不肯上學的理由，而是因為獨自煩惱著小A不肯上學的問題，希望有人能一起分擔這份不安。另一方面，端出「諮商心理師」一詞會讓家長覺得孩子是不是有嚴重的心病，甚至連導師也束手無策。看在母親眼裡會認為老師都不願體諒自己的感受，只想趕快將問題丟給諮商心理師，感覺就像被棄之不顧那樣。

試著轉換成這種做法！

當學生發生任何問題時，老師往往會想立刻採取對策來因應，但在這之前，先展現出體諒父母親與孩子的態度是相當重要的。以本篇的個案為例，就算最後還是得找諮商心理師，首先應對母親的不安表達感同身受之意才是比較理想的做法。出現孩子拒絕上學的情況時，問題往往在於父母親對孩子的將來感到不安而變得情緒不穩定，而這又會對孩子造成不好的影響，導致事態陷入惡性循環裡。因此處理拒絕上學的個案時，父母親需保持情緒穩定才是協助孩子的捷徑。

在本篇案例中，盡量讓母親感到安心才是一大重點，因此導師不應立即提議看諮商心理師，也應該找校方管理階層商量，透過組織來輔導學生，展現出這種態度會更有效果。

Point

父母親提出商量是希望能立刻得到答案？首先應給予安全感！

●還須留意這一點

日本全國拒絕上學的人數，國小每年超過4萬人，國中則超過11萬人。就算在拒絕上學的情況下畢業，大多數人之後也都過著正常的生活。將這些實情告知家長，消除他們對孩子將來發展的不安也很重要。另一方面，拒絕上學的情況中也有起因於精神疾病的個案，此時就必須盡快尋求精神科醫師或諮商心理師的協助。

家長篇

5

／很容易脫口而出的一句話／

「是否有確實挪出時間與孩子對話呢？」

NG
希望家長能為了孩子而有所配合
尷尬
我明白您工作忙碌，但是否有確實挪出時間與孩子對話呢？

A女孩的母親為單親媽媽，從早上工作到深夜，為了不讓孩子感到寂寞，她總是努力工作，爭取時間早點趕回家陪孩子。某天在面談時老師對她表示：「我明白您工作忙碌，但是否有確實挪出時間與孩子對話呢？」母親聽完這句話心情變得很沉重。

●為何家長會感到情緒低落呢？

有些老師會認為如果自己的發言是為了孩子好，父母親一定能諒解，而且會盡量積極配合。也不難理解本篇中的老師這番話是出自對A女孩的關懷。然而現在在日本，據聞每7名兒童中就有1人家境貧困，而且半數皆來自單親家庭。有些孩子由於家庭經濟困難無法上補習班或才藝班，社團活動、升學等也不得不放棄，面對這種情況，做父母的不僅會感到內疚，也會想至少要多增加一些時間與孩子相處來作為彌補。在這樣的狀況下，「是否有確實挪出時間與孩子對話呢？」這句話儘管沒有惡意，但對於單親家長來說卻是一件即便有心也很難做到的事，而且家長會認為老師完全不了解自己的處境並感到委屈，也會對孩子產生罪惡感。

試著轉換成這種做法！

請想像家長每天忙得焦頭爛額完全沒有餘裕的情況，並思考對於這樣的家長，該如何提供適切的關懷以從旁協助。

與其為了孩子的成長向父母親建議「該這樣做比較好」，若是父母親撥不出時間好好與孩子互動、聊天的話，不妨透過聯絡簿等方式，告知父母親孩子的情況，例如「孩子在學校時的表現」、「我會與家長一同守護孩子的成長與變化」等等。假如有機會與父母親談話時，不應將焦點放在「要利用這個機會跟家長說些什麼」，而是該反過來利用這個難得的機會，傾聽家長對於學校或孩子有什麼樣的想法與感受。

Point

立意是為了孩子好家長就一定能諒解？忙碌的家長需要的是「理解」更勝建議

●還須留意這一點

現今許多老師們也感到力不從心，有些老師則認為「學校教育必須建立在家庭教育的基礎上」。然而包含貧困在內，每個家庭的背景皆不相同，即便父母親無法為孩子撥出太多時間，也絕不代表他們漠不關心或怠惰，這個觀點相當重要。

家長篇
總整理

家長也希望老師能理解自己

對家長的期待與評價

可能在家裡
不太受到稱讚？
學校根本
管不動
關愛不足
孩子
顯得很寂寞
好可憐
希望家長能
參與學校活動

●錯誤思維的背景

老師希望家長能為了孩子多加努力的想法，會對家長造成壓力。如此一來家長將愈發缺乏教養孩子的自信，並失去幹勁。此外，將狀況很多的孩子歸咎在家長身上，會讓家長更加感到孤立。

一起合力照顧
孩子的成長吧

注意這點

讓家長提起精神比什麼都重要

● 協助家長的關鍵

對孩子最具效果的協助，就是讓家長本身能產生為孩子努力的念頭。為此，老師要觀察家長的步調（基本上不否定家長的做法），最重要的是不要期待家長能做到哪些事項，而是要以孩子的成長為目標（把支援的重點放在將家人長期以來的嘗試錯誤導向一個更好的結果）。

家長因為
孩子的哪些事
而傷腦筋呢

與家長一同
思考能夠
做到的部分

從家長身上
獲取協助
孩子的線索

● 理解家長的關鍵

當家長本身能獲得認同時，自然也能認同孩子。具體來說：

- 當自身的體驗獲得認同時
- 明白自己對孩子的職責所在時
- 看到孩子有所轉變時

等等都有助於激發家長的幹勁。

結語

「究竟發生了什麼事？」、「究竟是怎麼一回事？」宮口傳來了這些訊息。當了二十五年的朋友，我第一次看到他用敬語發訊息。我曾熬過長達16個小時的手術，開刀次數則超過10次，但依舊難逃病魔的糾纏。「活著好累人」、「真的好痛苦」、「救救我」我傳了好幾次這樣的訊息給身為精神科醫師的宮口。平常我總是告訴孩子要有「活下去的力量」，如今我卻懷疑自己是否缺乏這份力量。就在這個時候，宮口告訴我「一起做些什麼吧」、「一起做些對社會有意義的事吧」，成為我撰寫這本書的出發點。

坊間已經出版了許多輕鬆愉快又有趣的教養書籍，針對擅長念書的孩子所寫的書籍也是琳瑯滿目。但我們想著眼的不是這些，而是那些在學校或家裡過得不好、失去動力並陷入惡性循環的孩子們，並想盡辦法減輕他們的痛苦。宮口鍥而不捨地告訴我，這正是在我剩餘的人生裡，身為一位教師能做到的事不是嗎？最後我被他說服，終於答應執筆。若問我在自己負責撰寫的部分中，哪一句話是我最想說的，我想應該是「孩子不是討厭念書，而是害怕孤立」。孤獨傷人。不只傷害他人，更傷自己。我要藉此機會向宮口致謝，在我撰寫本書的同時，他如同家人般向病魔纏身的我加油打氣，讓我得以轉念「沒有活下去的力量時，只要有讓別人活下去的力量就好了」。

另外，我也要感謝所有的孩子，讓我不至於「失去（想活著的）動力」。孩子們的成長成為我的精神支柱乃不言自明的事實。正因為有孩子們的陪伴，我才沒有失去「幹勁」而能活到現在。

以前普遍都認為運動中「不能喝水」。在盛夏艷陽天的氣候下，就算在操場練習5、6個小時也絕不能喝一滴水，因為當時堅信這樣是「正確的」。現在則反而指導大家要多喝水。因為醫學、家長、教師的觀念已經產生巨大的改變。我們應該注意的是，在這些過程中沒有人是「壞人」，也沒有誰是「兇手」。

原本以為正確的事物其實是錯的，原本以為是錯誤的事物後來才發現是對的，這樣的情況實在多不勝數。若能透過本書，拯救那些失去動力的孩子的話，對我來說再也沒有比這更令人高興的事了。

站在教導孩子的立場，我們總是會希望「自己的想法沒有錯，絕對是正確的」，但同時我也期許各位能反思「這樣真的好嗎？」、「沒有其他更好的方法嗎？」、「自己真的沒有錯嗎？」。若是有讀者在看完後對本書提出「應該不是這樣吧」、「換成這種做法不是更好嗎？」的意見，我會把它當作是一種鼓勵，而不會認為是對於我們的批判。

2020年3月3日　田中　繁富

何謂讓孩子們脫胎換骨的「COG－TR」訓練法？

本篇將為讀者們介紹以「認知」為著眼點的全新輔導方法，這種方法的目的在於協助雖然湧現動力，但在學習、運動、朋友關係等方面發展得不太順利的孩子們。此方法可搭配本書進行，盼能藉此讓所有孩子的幹勁都能順利開花結果。

「COG－TR」原本是促進犯罪少年改過自新、以回歸社會所設計的訓練法。「COG－TR」為「認知○○訓練（Cognitive ○○ Training）」的簡稱，○○則為

「社交（→社會層面）Cognitive Social Training: COGST」
「機能強化（→學習層面）Cognitive Enhancement Training: COGET」
「職能（→身體層面）Cognitive Occupational Training: COGOT」

這是從3個層面（社會、學習、身體）幫助孩子適應學校與社會的綜合訓練課程。

目前的學校教育以國語或數學等學科教育為主軸，但我個人認為社會性才是教育的最終目標。就算書念得再好，若社會性有問題的話便無法在這個社會順利生存下去，甚至還可能導致犯罪。有些孩子的IQ很高，卻無法預想做了某件事會帶來什麼樣的後果。此外，若孩子無法順利控制情緒的話，便無法做出正常的判斷。會念書誠

COG－TR課程概念圖

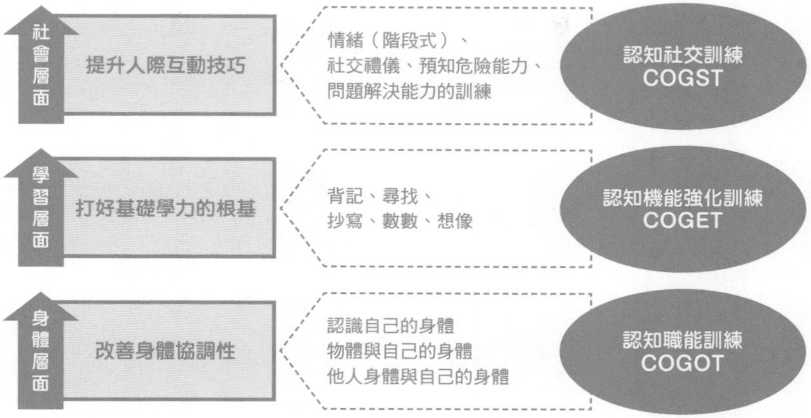
社會層面
提升人際互動技巧
情緒（階段式）、
社交禮儀、預知危險能力、
問題解決能力的訓練
認知社交訓練
COGST
學習層面
打好基礎學力的根基
背記、尋找、
抄寫、數數、想像
認知機能強化訓練
COGET
身體層面
改善身體協調性
認識自己的身體
物體與自己的身體
他人身體與自己的身體
認知職能訓練
COGOT

然是件好事，但我也看過太多因為學習受挫而變壞的個案。因此我們必須要讓孩子培養觀察力、聆聽力、想像力來打好學習的基礎。而且身體層面的協助也是不可或缺的。有些孩子會因為身體的協調性欠佳被周遭的人識破而失去自信，還有可能因此遭到霸凌。因此，我們必須從社交、學習、身體這3大方向來理解與協助孩子。

COG－TR就是針對這些項目進行輔導的綜合訓練課程，目前有許多學校、醫療機構、課後輔導班等都在採用這個方法。

詳請請參考下列書籍：

- 認知社交訓練：《1日5分！教室で使えるコグトレ　困っている子どもを支援する認知トレーニング122》（東洋館出版社）
- 認知機能強化訓練：《コグトレ みる・きく想像するための認知機能強化トレーニング》（三輪書店）
- 認知職能訓練：《不器用な子どもたちへの認知作業トレーニング》（三輪書店）

本書由小學館集英社Production於２０１７年所出版發行的《子どものやる気をなくす30の過ち》改訂而成。

作者

●宮口幸治（Koji Miyaguchi）

立命館大學產業社會學院・人類科學研究科研究所教授。亦為醫學博士、日本精神神經學會專科醫師、兒童心理專科醫師，臨床心理師、諮商心理師。原畢業於京都大學工學院，曾在建設顧問公司上班，轉而攻讀神戶大學醫學院醫學系並順利畢業。於大阪府精神醫療中心等單位任職後，歷經日本法務省宮川醫療少年輔育院、交野女子學院醫務課長等職，自2016年起擔任現職。以兒童精神科醫師的角度出發，從教育、醫療、心理、福祉的觀點針對需要幫助的孩子提供協助，並率領「日本COG-TR學會」，在日本全國各地舉辦教師研習活動。

著作有《教室で困っている発達障害をもつ子どもの理解と認知的アプローチ》、《性の問題行動をもつ子どものためのワークブック》、《教室の「困っている子ども」を支える7つの手がかり》（以上為明石書店）、《不器用な子どもたちへの認知作業トレーニング》、《コグトレみる・きく・想像するための認知機能強化トレーニング》（以上為三輪書店）、《1日5分！教室で使えるコグトレ　困っている子どもを支援する認知トレーニング122》、《もっとコグトレさがし算60　初級・中級・上級》、《1日5分教室で使える漢字コグトレ小学1～6年生》、《学校でできる！性の問題行動へのケア》（以上為東洋館出版社）、《不會切蛋糕的犯罪少年》（遠流出版）等書。

●田中繁富（Shigetomi Tanaka）

國小教師。

傳達不NG！親子溝通無障礙

2020年11月1日初版第一刷發行

作　　者　宮口幸治、田中繁富
譯　　者　陳姵君
責任編輯　邱千容
發 行 人　南部裕
發 行 所　台灣東販股份有限公司
　　　　　＜網址＞http://www.tohan.com.tw
法律顧問　蕭雄淋律師
香港發行　萬里機構出版有限公司
　　　　　＜地址＞香港北角英皇道499號北角工業大廈20樓
　　　　　＜電話＞（852）2564-7511
　　　　　＜傳真＞（852）2565-5539
　　　　　＜電郵＞info@wanlibk.com
　　　　　＜網址＞http://www.wanlibk.com
　　　　　　　　　http://www.facebook.com/wanlibk
香港經銷　香港聯合書刊物流有限公司
　　　　　＜地址＞香港荃灣德士古道220-248號
　　　　　　　　　荃灣工業中心16樓
　　　　　＜電話＞（852）2150-2100
　　　　　＜傳真＞（852）2407-3062
　　　　　＜電郵＞info@suplogistics.com.hk
　　　　　＜網址＞http://www.suplogistics.com.hk

TOHAN

Printed in Taiwan, China.